www.kardesh-verlag.de

Arne Koslowski (Hrsg)

# *-classics-*

KardesH- verlAg

Arne Koslowski (Hrsg)

-classics-

Printed in Germany

© 2006 by KardesH- verlAg
Alle Rechte vorbehalten

1. Auflage 2006

Lektorat: Karin Sattler

Satz & Layout:
DTP Service, Hamdorf

Gesamtherstellung:
RD Druck, Osterrönfeld

Umschlagbild:
project KL

Die Deutsche Bibliothek- CIP
Einheitsaufnahme
ISBN-10: 3-938314-02-8
ISBN-13: 978-3-938314-02-9

# Inhalt

**VERA MARY**
*Joachim Heitmann* — *8*

**VANADIS**
*Harro Koch* — *30*

**SLEIPNIR IV**
*Jörg Robien* — *50*

**TAMARA**
*Harro Koch* — *74*

**WILLOW WREN**
*Kerstin Thomzig/Ulrich Rössner* — *90*

**ROLAND VON BREMEN**
*Rudolf Alexander Steinbrecht* — *102*

**ANITA**
*Karin Sattler* — *122*

# VERA MARY

länge über alles: 22,00 m

länge rumpf: 18,60 m

breite: 4,06 m

tiefgang: 2,80 m

segelfläche: 160,40 qm

baujahr: 1932

bauort: lymington, england

schiffsart: gaffelschoner

1990. In Rostock wartete eine betagte, 68 Jahre alte, englische Lady auf zwei Wessis, die da verspätet kamen. Das Ganze auf einer winterlichen Werft, feucht-kalter Schneegraupel, ein rostiger Slip mit einem Schiff, das deutlich durch etliche Jahre mangelnder Pflege und eine spätherbstliche Überführung von den Kanaren gezeichnet war. Dann die rasch in's Auge fallende Erkenntnis, dass der vielzitierte Teredo-Wurm tatsächlich existiert und, seiner innersten Natur folgend, Plankengang und das Totholz ungepflegter Schiffe nicht nur schätzt, sondern sogar gründlichst verzehrt. Im vorliegenden Fall hat ihn offenbar erst der Respekt und die Scheu der Kreatur vor dem jahrhundertealten Burmateak zur Besinnung gebracht, aber einige jüngere Plankengänge aus Iroko und insbesondere das Ruderblatt hatten sich beim 'Abkärchern' endgültig verabschiedet. Die Fraßgrenze zwischen der originalen zwei Zoll Teakbeplankung und den späteren Ergänzungen aus anderen Hölzern waren präzise definiert. Wir flachsten, etwas verunsichert, mit dem jungen, engagierten Überführungsskipper, der sich den offenkundigen Jammer auch etwas betreten – nachdenklich ansah („wenn das auf dem Atlantik passiert"), und mit dem Eigentümer, seines Zeichens Kiesgrubenbesitzer und Jäger aus dem Süden (Ost)

Deutschlands, der sich das Schiff aus einer etwas kryptischen Insolvenz des (west) deutschen Voreigners gesichert hatte und außer einem gesunden, aus seiner Situation heraus auch berechtigten Misstrauen gegen Wessis keinerlei weitere Fachkenntnisse vom Segeln besaß. Er wies uns in seinem bezaubernden, fremdländischen Dialekt immer wieder gutwillig-ratlos auf die vielen, vielen Planken hin, die nicht angefressen waren.

Aber eigentlich war ja alles klar, das Schiff zu groß, 22 Meter lang und 36 Tonnen schwer, ein Gaffelrigg wollten wir ja sowieso auf keinen Fall, ein Schoner hat zu viele Segel, und der Zustand, und der Dreck, und die Würmer...

Und dazu die Kälte und die lange Rückfahrt, nein, diese Tour war wieder mal umsonst gewesen. Wir deuteten es dem, übrigens äußerst sympathischen, Jägersmann an: die „Määäärie", so die sächsische Lautumschrift... nein, das sei wohl doch nicht unser Schiff. Da hatten wir es bereits gekauft, wussten es nur noch nicht.

Eine lange Rückfahrt im wohlgeheizten Auto, eine Nacht darüber geschlafen oder gewacht, J. M. Sopers wunderschöne Originalzeichnungen hatte ich mir dann doch noch mitgenommen und studiert, am nächsten Morgen mit dem Partner telefoniert, 14 Tage später das zweite Mal in Rostock; die Yacht inzwischen mit stehendem Rigg (!) in der Werfthalle, das neue Ruder ist montiert und drei Plankengänge sind sauber erneuert. Uwe Baykowski kroch mit durchs Schiff, sein wohlwollendes Grunzen aus den Tiefen der Bilge signalisierte Gutes. Es war warm und trocken und es gab Kaffee, wir setzten in der Halle schon mal die Segel und lernten das Gaffelrigg kennen. Berthons Werft hatte 1931/32 vorzügliche Arbeit gemacht, only the best, zwei Zoll Planken aus Burmateak, sehr maskuline Spanten aus englischer Eiche, nirgends Rott, das Rigg (von Spencer) und Segel (McKillop) wie neu; einfach Qualität durch und durch. Sogar das Interieuer und Lay-out weitgehend erhalten. Ein Schatz, und das in Rostock. Ein paar alte Beken- of- Cowes- Fotos, jetzt wussten wir auch, woher wir das feinnervige Hinterteil kannten, (Peter Königs Deckblatt, und dann war da doch so ein schöner Artikel in Classic Boat 1991). Und wer bei einem Gaffelschoner mit seinen wohlproportionierten Segelflächen nicht gleich vom weiten Meer und Piraten träumt, der ist eben sowieso nicht normal. Der teakgetäfelte Salon, großzügig über Schiebtüren mit der Ladies' Cabin verbunden, mit Decklights und eigenem Ausstieg, nun, der stank zwar beim ersten Schnuppern nach Bilge, stürmischer Überführung und

Hydraulik-Öl, aber dahinter ahnte man den fernen feinen Duft von altem Portwein und Cohibas. Eindeutig ein gentleman's ship eben, keine filigrane Rennziege.

Mein Freund schwärmte von Grundriss und Bauqualität, ich mehr von den klaren Decks, dem „pedigree" und den schönen Zeichnungen - Architekten sind eben unverbesserliche Augentiere. Klar, die Technik (Pumpen, Elektrik und Hydraulik-Motor auf die alte, exzentrische Welle) das war alles very old fashioned - das kriegen wir schon hin, alte englische Autos haben wir auch wieder zum Laufen gekriegt (nur) in denen liegen 100 m Kabel, in der Vera Mary 2500m.

Und Uwe Baykowskis Gutachten über Qualität und Struktur der Yacht war fast schon lyrisch; der untere Fragepreis lag zwar deutlich über unserem Budget, war aber letzten Endes korrekt, was soll's, man lebt nur einmal.

Da wussten wir, wir hatten ein Schiff gekauft, aber immer noch nicht, was uns noch erwartete. Was hatten wir denn nun eigentlich gekauft?

Nun, es gab Pläne, das Internet, die Hilfen aus dem Freundeskreis Klassischer Yachten, Lloyd's (das Schiff war 1931 zertifiziert) Archive, es gab Classic Boat und viel Hilfe aus England, Phantasie und einen langen Restwinter, in dem wir uns ohnehin erst mal von dem finanziellen Schock erholen muss-

ten. Die Recherchen zu Schiff, Mann & Maus ergaben:
Der Konstrukteur J. M. Soper, Southampton: Joseph M. Soper, 1857 geboren und Zeitgenosse illustrer Namen wie G.L.Watson, W. Fife, Mylne, N.G. Herreshoff, arbeitet als Designer, später auch Manager, für die rennomierte Werft J.G Fay & Co.LtD, in Southampton (die später von Camper & Nicholson übernommen wurde).
Er galt als handwerklich sehr sorgfältig, künstlerisch begabt sowie technisch mutig und innovativ; seine Risse waren tendenziell breiter (Einfluss Herreshoff) und steifer als die der Konkurrenten, recht robuste, eher strenge Designs auf der Höhe ihrer Zeit. Bekannt und berühmt wurde 1893 seine 300t- Kutteryacht Satanita. Sie galt als „the fastest cutter on a reach ever built" und ersegelte viel Regattasilber, zweifelhaften Ruhm erlangte sie jedoch auch durch Rammen und Versenken der Admirals-Cup Yacht Valkyrie II 1894 bei einem Ausweichmanöver auf der Frühjahrsregatta in Cowes. Liebevollst und ausführlichst (Journalisten!) beschrieben, sank die Valkyrie II in genau sieben Minuten und 43 Sekunden, Soper war ein gemachter Mann, zumal die Satanita in den Folgejahren noch vielen berühmten Zeitgenossen ein Ohr absegelte, unter anderem auch der Meteor.
Über diese rüde Dezimierung der „großen

Kutterflotte" war Valkyries Designer, der feinnervige - „... yacht building may be called the poetry of shipbuilding" - G.L. Watson, „not amused"; dennoch, dies war nun sicher nicht die Schuld seines Kollegen und der wurde trotz oder wegen dieses Malheurs noch bekannter.
Nach der Übernahme seines Arbeitgebers Fay&Co durch Camper&Nicholson gründete Soper sein eigenes Büro als Designer und Surveyor in seiner Heimatstadt Southampton; erfolgreich und anerkannt, entwarf er etliche größere, stabile Kreuzeryachten, einige Motoryachten und war auch an der Entwicklung der Renn- und Ausgleichformel 1919 in London– übrigens unter Vorsitz von Captain Sir Philip Hunloke, den wir bald wiedertreffen, beteiligt.
Soper war mit 75 schon etwas älter, als er Mitte 1931 von dem wohlhabenden Industriellen Mervyn Hamilton - Fletcher beautragt wurde, ihm ein komfortables, seetüchtiges, aber auch regattafähiges gentleman's ship zu bauen, in höchster Qualität und frei von allen Einschränkungen und Formelzwängen. Hamilton-Fletcher sollte dem edelsten englischen Yacht-Club, der Royal Yacht Squadron in Cowes beitreten, dazu gehörte ein standesgemäßes Schiff.
Soper konzipierte ihm einen 61 Fuß – gaffelgeriggten Schoner, ein sehr ästhetisches, leichtes und konzentriertes Rigg. Der Ent-

wurf wurde akzeptiert, zwei Monate später, am 16.10.1931 wurde die renommierte Werft Berthon in Lymington beauftragt, das Schiff sei fertigzustellen „not later than the first of April 1932".
Am 16.4.1932, nach 6 Monaten, bekam Hamilton-Fletcher seine Yacht; einfühlsam und psychologisch geschickt (Männer!) taufte er sie nach seiner Frau auf den Namen Vera Mary.
Beken of Cowes machte schöne Fotos von den ersten Regatten. Zufriedenheit überall.
Bis 1935 kreuzte und regattierte die Vera Mary in britischen Gewässern, Hamilton–Fletcher experimentierte ein wenig mit diversen Riggs (Fotos von Beken als Topsegelschoner, mit Wishbone-Rigg etc).
Dann tritt 1936 ein neuer Mann in das Leben der damals noch taufrischen Lady; allerdings ein bereits etwas älterer Gentleman.
Sir Philip Hunloke (oder bis 1904 Sir Perceval), geboren 1868, war ein begnadeter Regattasegler in kleineren Bootsklassen, berühmt wurde er später als Segellehrer von King George V. und als Skipper der königlichen Rennyacht Britannia. Sie war ein Watson-Entwurf und sicher über einen sehr langen Zeitraum die erfolgreichste Regattayacht ihrer Zeit.
1935, im Alter von 68 Jahren - die Britannia hat gegen die modernen J- Classes keine re-

alistische Siegchance mehr, zog sich Sir Phil vom Regattasport zurück, zum Abschied schenkte ihm sein königlicher Gönner rasch ein kleines Schiff, eben die Vera Mary.

Zu dieser Zeit noch Commodore der Royal Yacht Squadron, kreuzte Sir Philip mit illustren Gästen auf dem Solent, keine weiten Reisen mehr, dafür aber konservierte im Salon und Ladies' Cabin – die vermutlich nie eine echte Lady gesehen hat - der Duft der oben zitierten Cohibas und schweren Portweins die Teak-Täfelung.

Jetzt war Vera Mary wirklich ein gentleman's ship, gute Pflege, der unwürdige Regattastress Vergangenheit, sie lag in Cowes und ließ sich bewundern. Beken machte wieder schöne Fotos. Zufriedenheit.

1939 war das faule Leben vorbei, Sir Hunloke zog sich auf den Familiensitz in Wingerworth zurück, unter dem neuen Eigner ging in's Mittelmeer, vom Liegeplatz in San Remo und Cannes wurde kaum noch regattiert, sondern als komfortabler, robuster Kreuzer erkundete sie das Mittelmeer. Stories von eigenmächtigen Schmuggeltouren nach Südamerika, mit denen der Kapitän in den Nachkriegswirren seine Heuer aufbesserte, sind unverbürgt, dennoch schön;

nach verschiedenen britischen und französischen Eignern, umbenannt in Franik II und später Hawaita, hat das Lotterleben an der

Cote d´Azur erst 1982 ein Ende.
Der Schweizer Rolf Menzel erkennt die unveränderte Qualität unter den vielen Farbschichten;
er erwirbt das Schiff in San Remo, bringt es wieder in Schwung. Einige Jahre läuft die Hawaita unter Charter und dient als schwimmendes Fotolabor; am Heck wird unter all der alten Farbe der historische Name Vera Mary wiederentdeckt.
Dann, 1989, wieder ein neuer Kerl, der britische Regattasegler Chris Law erwirbt den Topsegelschoner und lässt ihn 1990-91 sehr umfassend bei Hamble Yacht Service (ex Luke Brothers, später Fairlie) in Port Hamble restaurieren. Neues Rigg von Spencer, neue Motorenanlage; 1991 taucht die Vera Mary auf der Nioularge auf, schöner als zuvor, im Wesen innerlich und äußerlich unverändert.
Classic Boat bringt einen ausführlichen Bericht über die Restaurierung, Vera Mary ist „back again".
Diesmal macht Franco Pace die schönen Fotos auf der Nioularge.
„The Germans to the front", nach zwei recht erfolglosen Kriegen wird deutsche Wiedervereinigung endlich für manchen im Bauwesen eine rechte Erfolgsstory. So kommt die Vera Mary 1995 erstmals in deutsche Hände; Gewinne aus der Wiedervereinigung fließen ohne weitere Umwege in eine weitere

Restaurierungs- und Umbauphase in England;
entscheidend und sehr verdienstvoll die Wiederherstellung des historischen Gaffelriggs nach den alten Segelplänen.
Einige mehr oder minder sinnvolle Umbauten im Bereich Vorschiff/Pantry folgen; aber die Struktur des Schiffes und der Innenausbau werden geschont.
Unser Solidaritätszuschlag wird also gut und sinnvoll angelegt; aber bereits 1996 muss Vera Mary etwas überhastet England verlassen (bedauerlicherweise vor Überholung von Motor und Elektrik).
Über dem Eigner, einem notorisch anglophilen Gourmet und Lebenskünstler, brauen sich jetzt Folgeschäden der Wiedervereinigung zusammen. Vera Mary findet nahezu unbemerkt (also erfolgreich) auf den Kanarischen Inseln in Port Mahon Asyl; schon wieder Wohnboot, dämmert sie vor sich hin, unterbrochen von kurzen Schlägen auf dem Atlantik.
Aber „Every cloud has a silver lining", der Ärger in Deutschland scheint vergessen; da schlägt das Schicksal erneut zu. Diesmal in Form des oben zitierten ostdeutschen Waidmanns.
Zielstrebig bis verbissen sichert er sich das Schiff aus dem Konkurs, nach zähem Ringen geben die Spanier Vera Mary frei.
Im Herbst 1999 geht es mit Mann, Maus und

etlichen Würmern in die neue Heimat Rostock.

Vera Mary heute:
Die Vera Mary ist immer noch ein zu großes Schiff für den Eigner (der Trost von Peter Gregson: von den großen Yachten ist sie eine kleine, „on the Nioularge she can play with the Big Boys without a paid Crew"), aber auf See schrumpfen Schiffe doch rasch (um im engen Hafenbecken faszinierenderweise wieder zu wachsen) und sie ist leicht und gut zu handhaben.

Und wenn's mal wieder Schwierigkeiten gibt, die Crew zu organisieren, ist da ja noch das wunderbare kleine Segel-Dingi.

„She sails beautiful"; sehr komfortabel und wohl so, wie Soper sich das gedacht hat.

Trocken durch das etwas füllige Vorschiff, legt sie sich sehr weich in die Welle, auch bei steifem Wind und Vollzeug krängt sie auf höchstens 18-20 Grad und fährt dann unbeeindruckt auf der Schiene. Etwas demotiviert auf den Am-Wind–Kursen, wird sie bei halben und raumen Kursen mit viel Tuch und Wind wirklich schnell.

Wenn sie am Steg liegt, träumt sie sicher von alten Zeiten, als eben noch echte Gentlemen auf ihr segelten.

Aber ich denke, sie hat die Bürgerlichen wohlwollend akzeptiert, denn es geht ihr wieder gut, sie bekommt für und in ihrem Alter noch viele Komplimente. Regatta-

**Ehrgeiz? but for what ?**
**Stil ist wichtiger. Sie lernt auf ihre alten Tage noch die Ostsee, Schweden und Norwegen kennen, und in's hedonistische Mittelmeer und den strengen Atlantik wird sie bestimmt auch mal wieder kommen.**

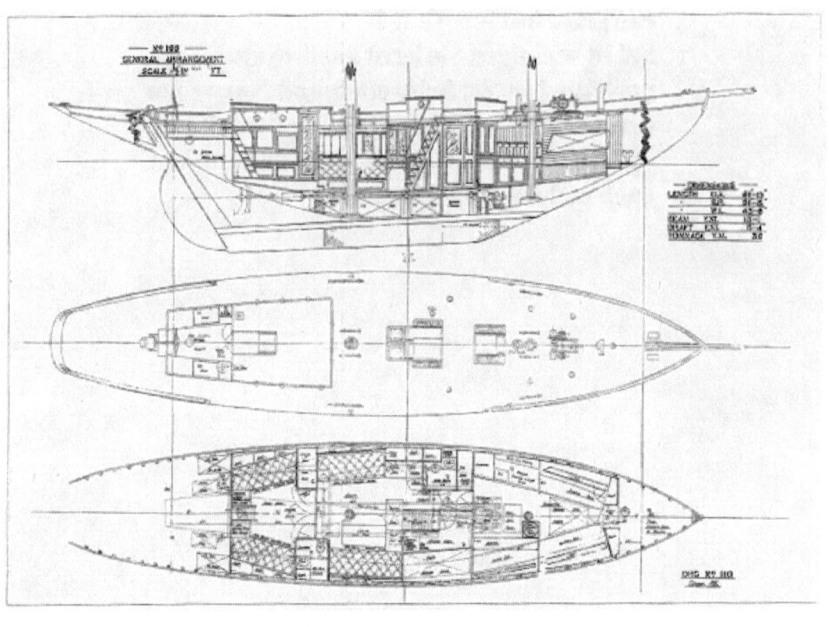

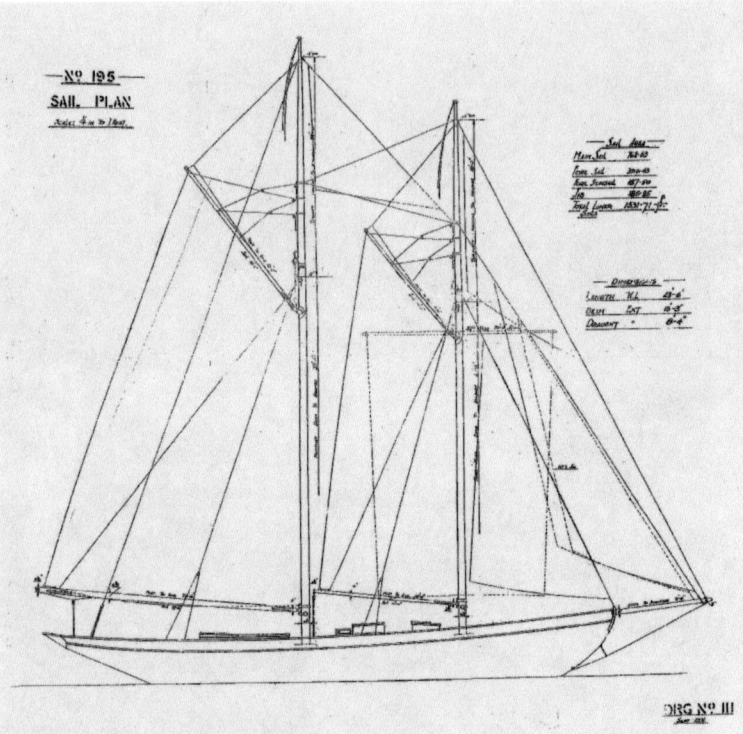

# VANADIS

länge über alles: 29,00 m

länge rumpf: 20,00 m

breite: 5,10 m

tiefgang: 2,80 m

segelfläche: 283 qm

baujahr: 1868

bauort: södra varvet, stockholm/ schweden

schiffsart: gaffelschoner

1868 beauftragte der schwedische Geschäftsmann und Segler Edward Cederlund, Kai C. Agerskov einen schmalen Schoner zu entwerfen und zu bauen, der an die Linien der 'America' erinnern sollte.
Beide Männer waren Mitglieder des Königlichen Schwedischen Yachtclubs.
Cederlund besaß bereits einige Yachten vor der Vanadis. Und hatte auch einigen Erfolg im Rennzirkus der damaligen Zeit mit ihnen. 1868- 69 ließ Cederlund Vanadis bauen. Das erste Rennen, an dem Vanadis teilnahm, beendete sie als fünfte von elf.
Als erstes Rennen war das wohl nicht schlecht, aber in den folgenden Rennen wurde es nicht besser.
Cederlund übergab Vanadis dann dem Vizeadmiral Lagercrantz, vermutlich konnte er die peinlichen Plazierungen mit ihr nicht mehr ertragen, zumindest zog er sich vom Steuer der Vanadis zurück.
Vanadis war wohl einer der schönsten Schoner der damaligen Zeit.
Cederlund schien des Rennsports müde geworden zu sein, er kaufte sich kein Segelboot mehr, stattdessen ein Motorboot.
Es erstaunt schon, dass Vanadis damals diese etwas schimpflichen Plazierungen einfuhr.
Aufgrund ihrer Linien ist sie ein unglaublich schneller Segler. Ihre feinen Linien sind klar beeinflusst von der 'America'.
Das Problem wird wohl ihr starker Mast-

fall gewesen sein, soweit man überhaupt von einem Problem sprechen kann. Schiffe wie die 'Pride of Baltimore', fahren auch mit solchen Masten, aber es werden heute keine Schiffe mehr mit diesen starken Mastfall entworfen, weil sie einfach nicht genauso schnell segeln wie Segelschiffe mit aufrechten Masten.
Nach dieser Zeit verschwand die Geschichte der Vanadis etwas im Dunkeln.
Bis zum Ende des 1.Weltkrieges, in dem Schweden neutral blieb. Cederlund übergab die Vanadis der schwedischen Marine, die Offiziere segelten sie in ihrer Freizeit. Im Lloyd's Schifffahrtsregister stand sie zeitweise als Besitz vom Vizeadmiral Lagercrantz, vermutlich als geteilter Besitzstand mit der Marine.
Es kursierte immer das Gerücht, sie wäre auf einer Weltumsegelung gewesen, dies ist letztendlich nicht nachweisbar und vermutlich wurde sie von Angehörigen der schwedischen Marine wirklich nur in deren Freizeit gesegelt.
Am Ende der 1920er wurde Vanadis auf der Karlskrona- Werft komplett überholt.
Der Schoner war mittlerweile 60 Jahre alt und er bedurfte einer Generalüberholung.
In den 1930r wurde er der Schwedischen Segelschule für Frauen übergeben.
Diese besaß zwei andere große Yachten. Im Jahre 1939 ging der Segelschule das Geld

aus, und Vanadis wurde verkauft. Unter dem neuen Eigner diente sie als Hausboot. Im Jahre 1941-42 kaufte sie Lars G. Lenmor. Zu der Zeit befand sie sich bereits in einem erbärmlichen Zustand. Lenmor reparierte sie notdürftig mit bescheidensten Mitteln und es gelang ihm, sie 1945 segelfertig zu haben.
Von nun an segelte sie bis 1954 mit zahlenden Gästen. Im Winter wohnte Lenmor auf dem Schiff, im Sommer fuhr er. Nachdem er sie 12 Jahre besessen hatte, verkaufte er die Vanadis im Jahre 1954 nach Deutschland. Der neue Besitzer benannte die Vanadis in 'Valdivia' um.
Er baute einen Glühkopfmotor in das Schiff ein. Kurz darauf verstarb der neue Eigner. Wie viele andere Schiffe in den 1950er bis 1970er Jahren, verbrachte die damalige 'Valdivia' eine sehr ruppige Zeit. Sie wurde wieder als Hausboot benutzt und ein Deckshaus wurde auf ihr montiert. Sie hatte Glück, dass sie diese Zeit überlebte.
Doch durch eben dieses Glück überlebte 'Valdivia' diese Zeit und wurde in den Jahren 1978- 1981 komplett restauriert. Sie wurde auf eine dänische Schiffswerft nach Troense im Svendborgsund verholt und komplett in Eiche überholt.
Die Wahrheit ist wohl, das sie komplett auseinander gesägt wurde und einzig ihr Kiel übrig blieb. Heraus kam (fast) ein anderes

Schiff.
Das Schiff erhielt eine ganz andere Linie, als es vorher besessen hatte. Der Arbeits- und Zeitaufwand für den damaligen Eigner muss enorm gewesen sein, da die meisten der Arbeiten ohne größere Hilfe durchgeführt wurden. Das Slippen des Schiffes deutete auch nichts Gutes an. Das Schiff kippte auf der Helling um und wurde dann nach Fertigstellung mehr ins Wasser gezerrt.
Für die nächsten 20 Jahre fuhr 'Valdivia von Altona', wie sie nun hieß, als Charterschiff in der Ostsee.
Ihr Heimathafen war Flensburg. Sie wurde als Neufundlandschoner angepriesen, was sie nicht war.
Im Jahre 2002 endete ihre Karriere als Charterschiff. Harro Koch kaufte sie in desolatem Zustand. Harro Koch konnte den Anblick der grüner werdenden Segel und der Schneemassen, die auf den über Deck gespannten Planen lagen und die Bäume niederdrückten, nicht mehr ertragen.
So kaufte er das Schiff. Nicht weil er unbedingt ein Schiff gesucht hatte, sondern weil er es für notwenig dem Schiff gegenüber hielt. Restaurierte es und tut es täglich wieder. Im Winter 2005/06 bekam sie neue Masten und eine neue Maschine. Der Eigner legt sehr viel wert auf die Maschine. Für ihn ist sie das Herz des Schiffes. Die Maschine ist eine 'Cummins Engine Typ J'.

Sechs Zylinder in Reihe, vier Ventile pro Zylinder plus Kipphebel für Direkteinspritzdüse pro Zylinder. Ausgerüstet mit Dekompressionshebel. Kühlung erfolgt durch angeflanschte Kreiselpumpe. Die Leistung liegt bei maximal 180 PS, zwölf Volt Anlasser. Der Verbrauch im Leerlauf liegt bei 2,8 Litern pro Stunde. Bei 800 Umdrehungen unter Last bei 3,2 Litern pro Stunde. Dies ergibt eine Geschwindigkeit von sieben Knoten. Die Maschine ließ der Eigner aus Ohio/ USA einfliegen. Sie stammt aus einem Trainingscenter und war bis zum Einbau in Vanadis zuvor nicht unter Last gelaufen. Die alte Maschine wurde aus dem Grunde ausgebaut, da sie für diesen Schoner zu wenig Leistung brachte. Bei Gegenwind nahm die Takelage zu viel Kraft aus dem 80 PS-Motor.

Ein anderer Grund für eine passendere Maschine war die Gewichtsverteilung im Schiff. Die Maschine wurde neunzig Zentimeter weiter nach vorne verlagert, und ein 8-KW Generator auf der Backbordseite unter der Kapitänskoje eingebaut. Damit kommt das Gewicht weiter nach unten. Als Ausgleich dient ein 600 Liter Kraftstofftank auf der Steuerbordseite.

Das Schiff trägt wieder seinen alten Namen Vanadis.

Heimathafen ist jetzt Rendsburg. Von dort aus geht es über den Nord- Ostsee- Kanal auf die Ostsee. Sie dient nur als Familienschiff, Charter wird sie unter Familie Koch nicht mehr erleben. Für Harro Koch sind zehn Prozent an der ganzen Sache Segeln, der Rest ist harte Arbeit.

42

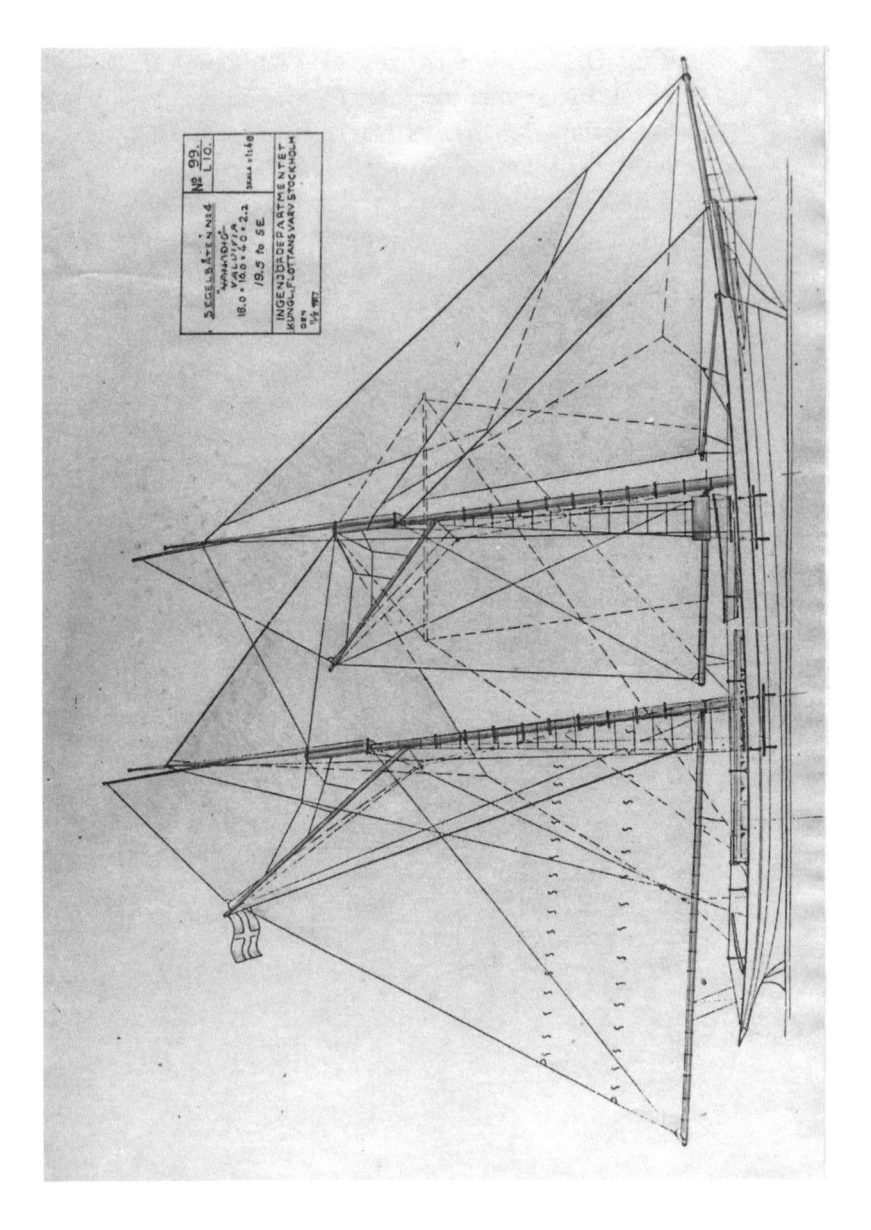

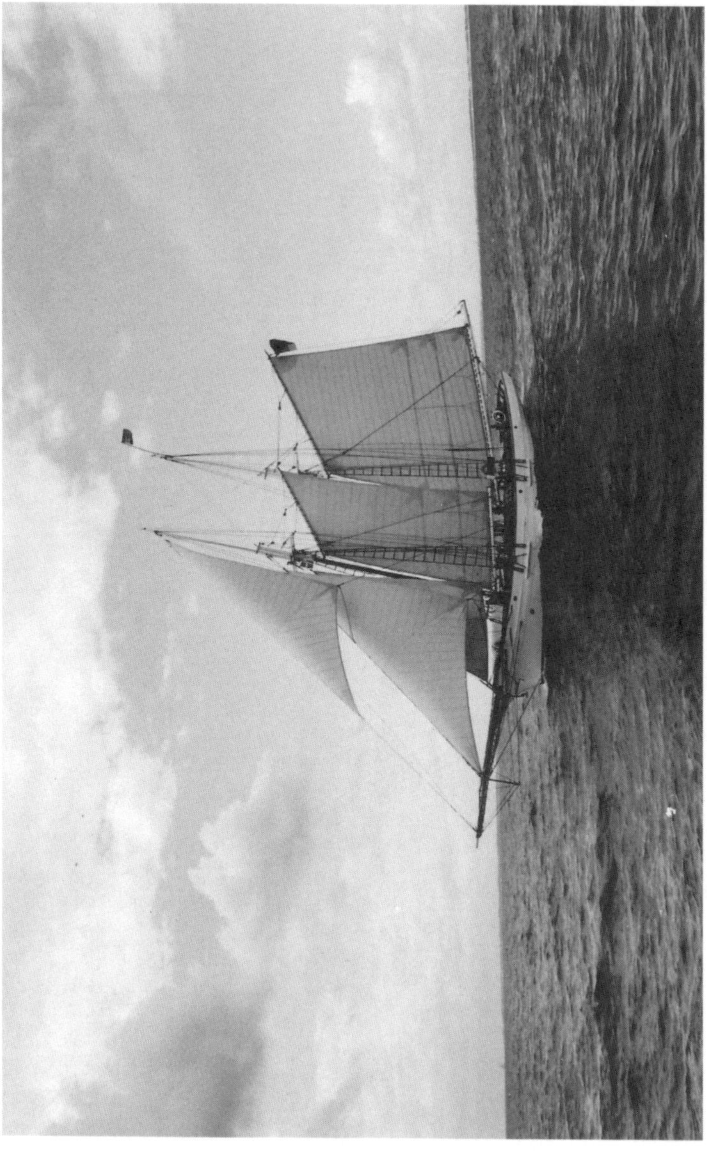

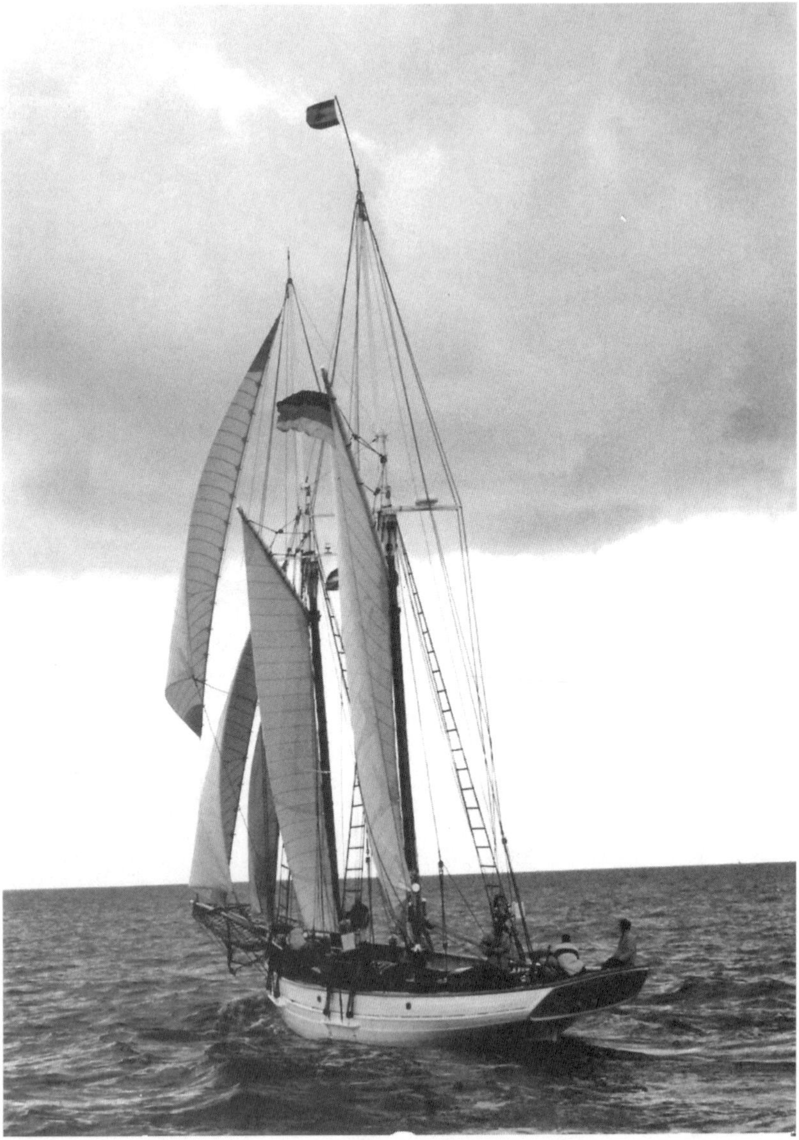

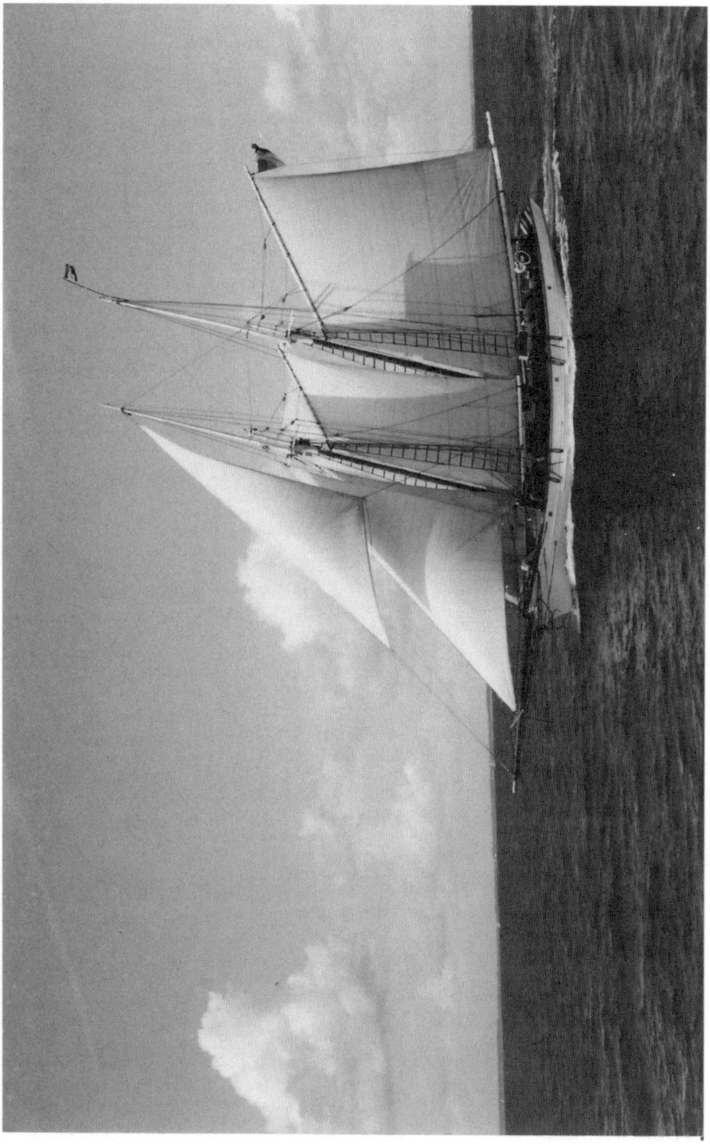

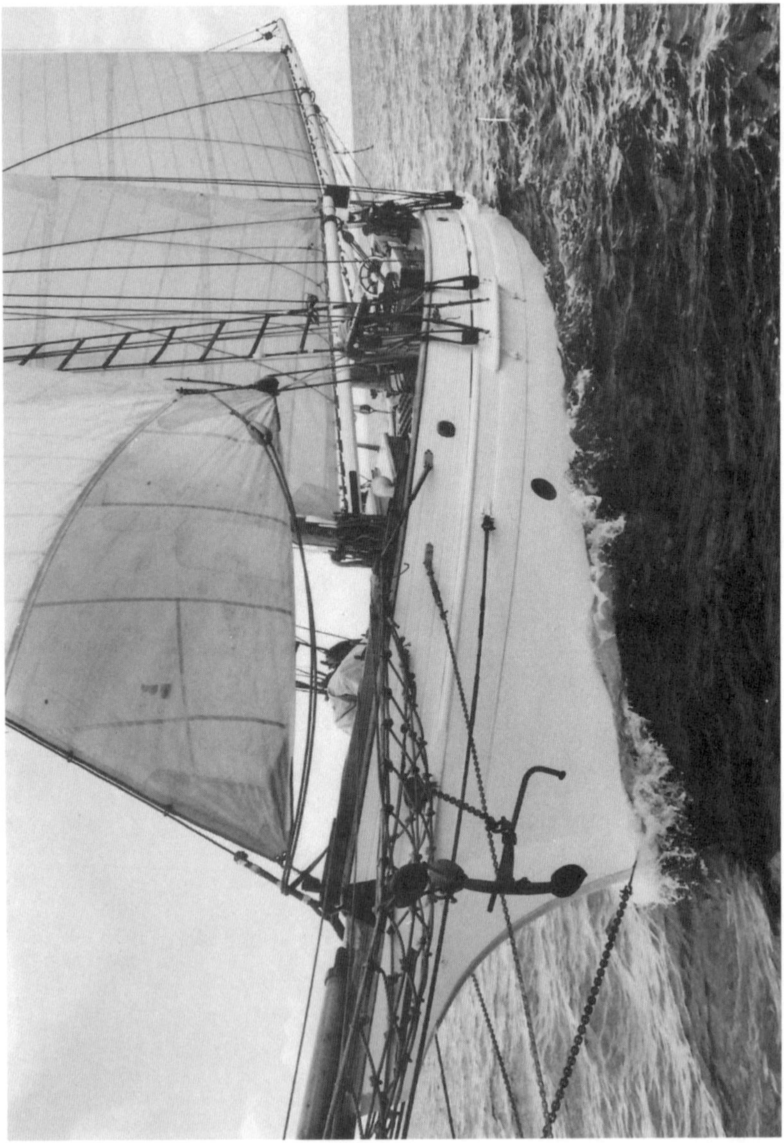

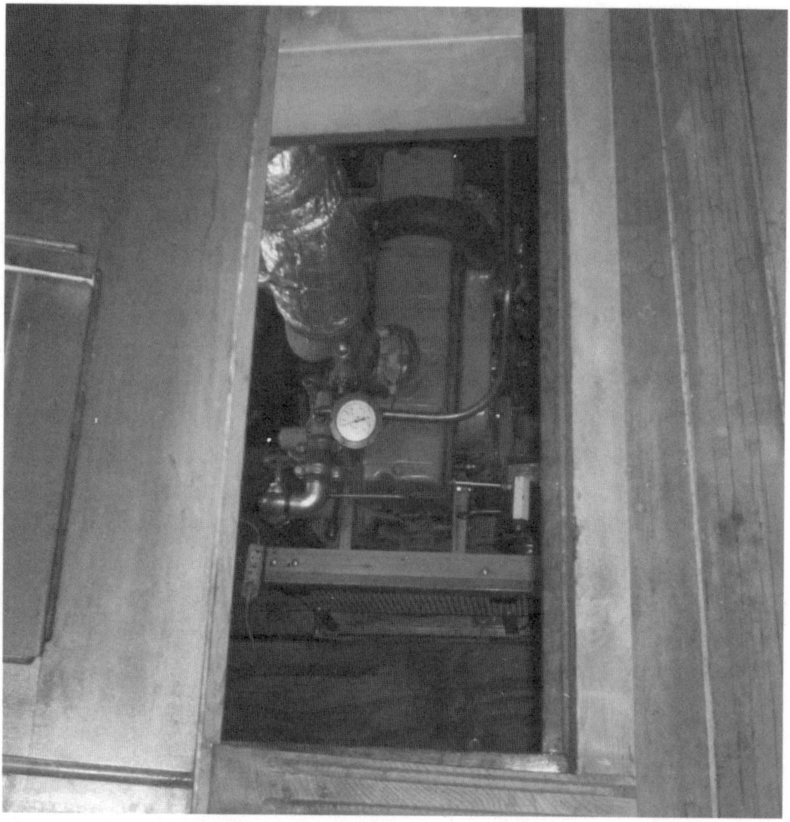

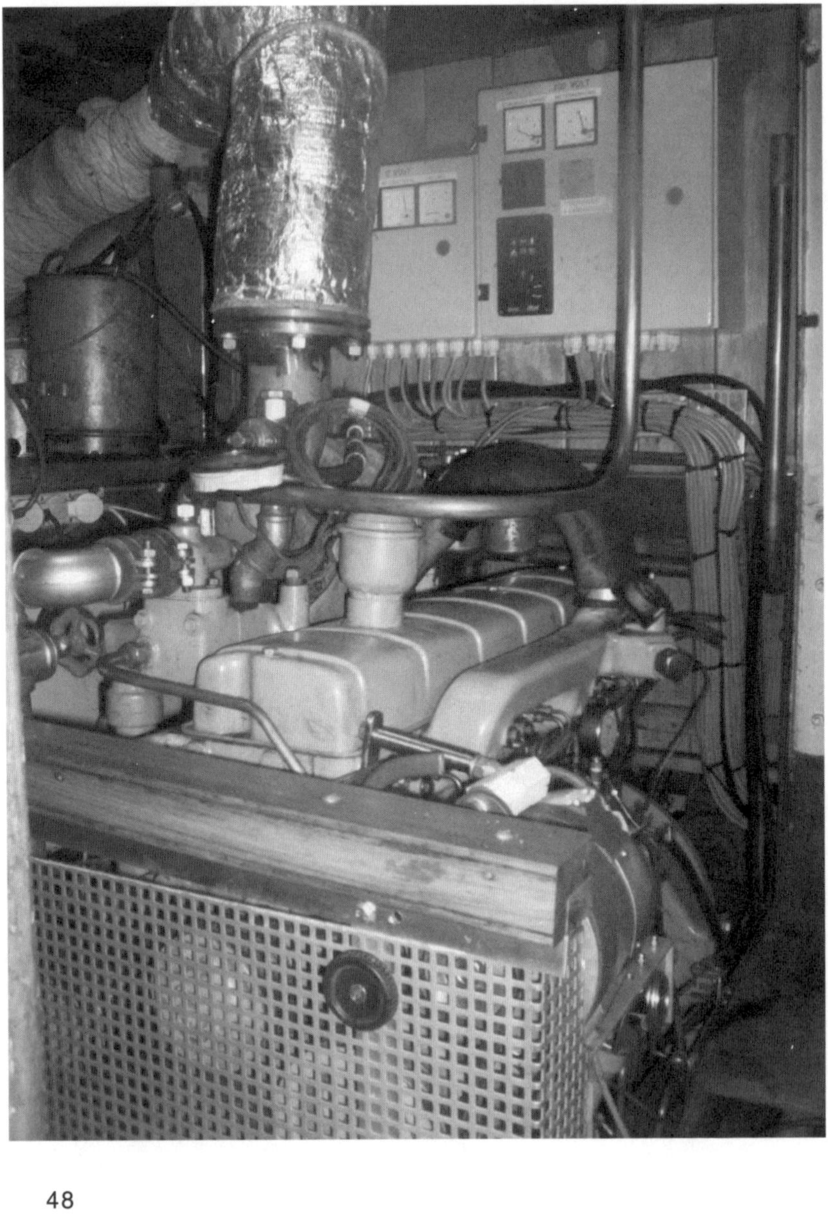

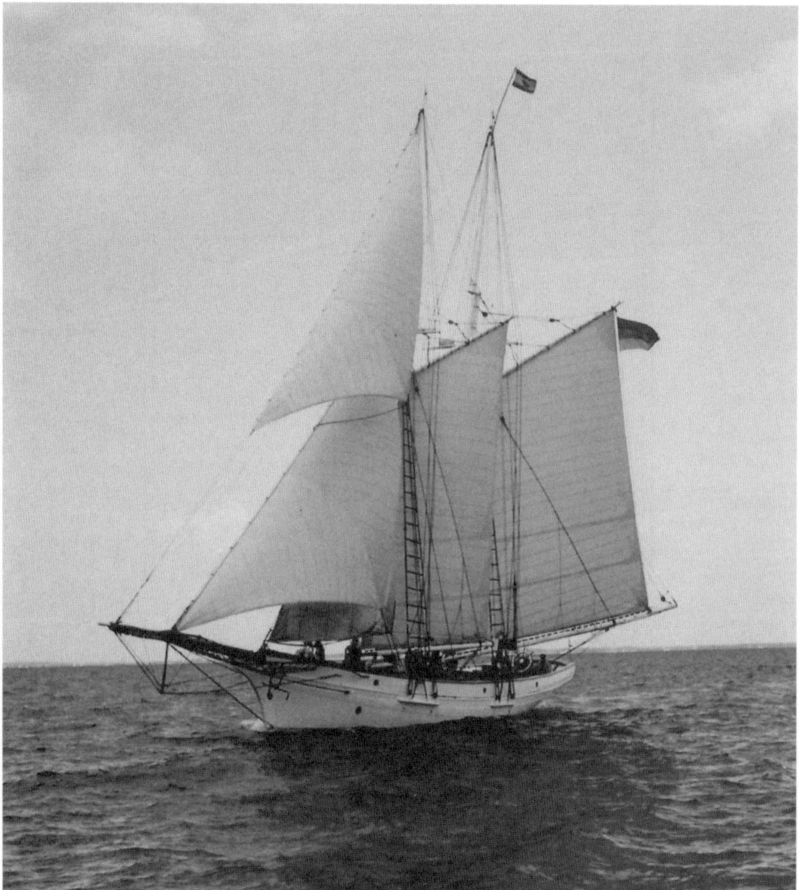

# Sleipnir IV

länge über alles: 11,20 m

breite: 1,80 m

tiefgang: 1,80 m

segelfläche: 46 qm

baujahr: 1938

bauort: bremen/ lemwerder, abeking& rasmussen, baunummer 3296

schiffsart: 6 mR

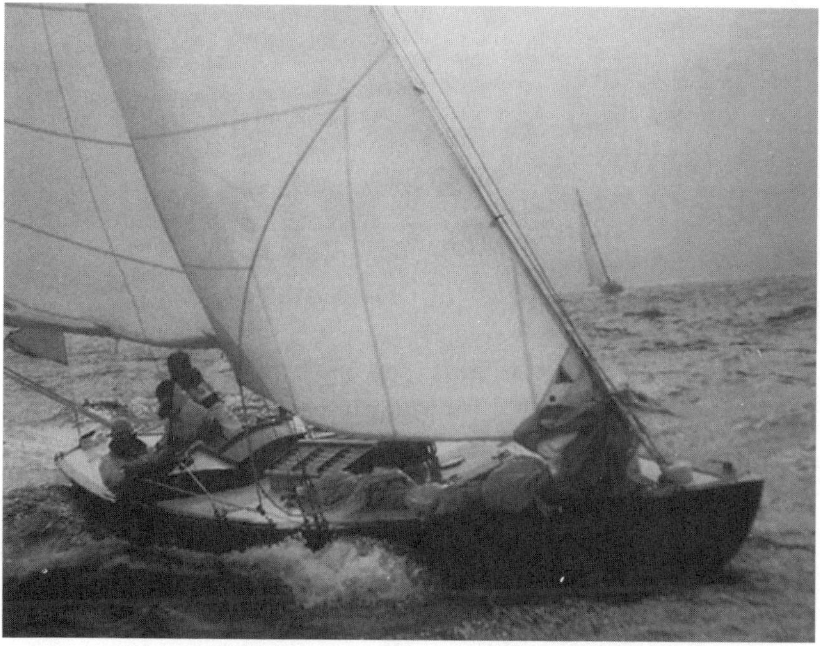

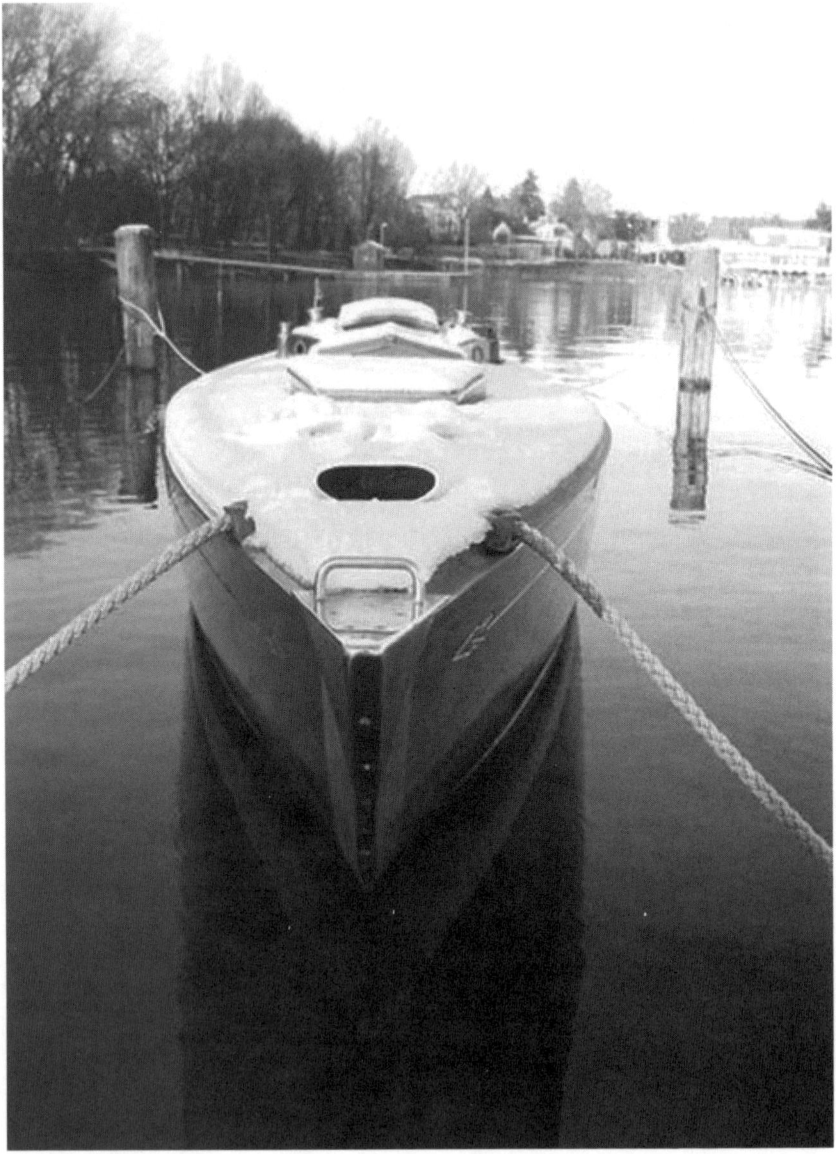

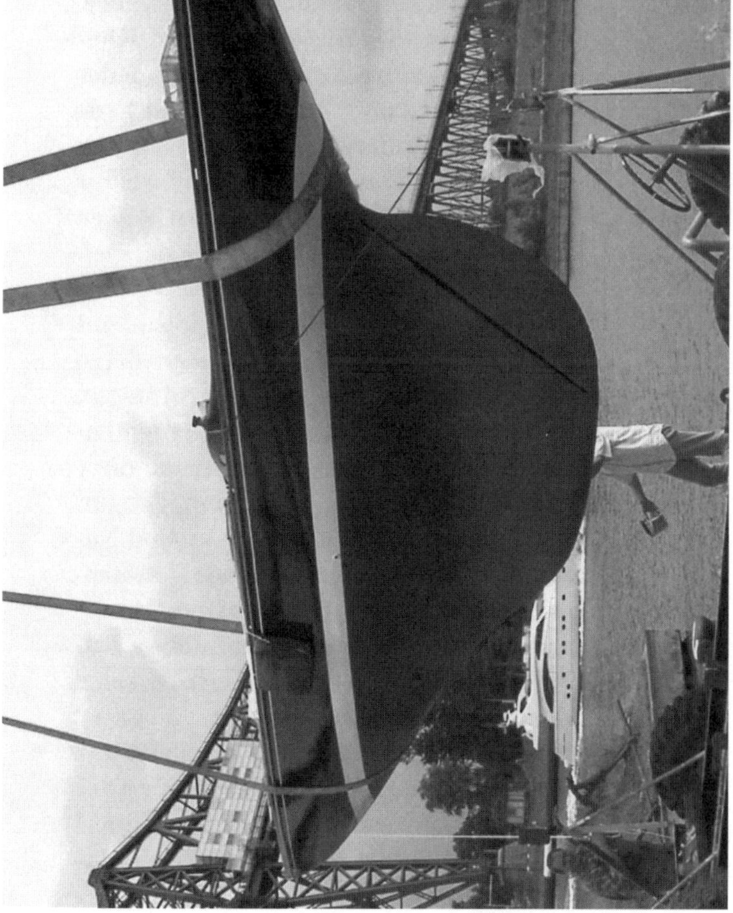

Als die Götter die Dinge der Welt regelten, gab Odin der schwarzumflochtenen Nacht einen schwarzen Wagen und ein schwarzes Roß, das Hrinfaxi (die Reifmähne) hieß. Dem hellen Tag wies er einen goldenen Wagen zu, der von Skinfaxi (der mit der goldenen Mähne) gezogen wurde. Seither umrunden diese Wagen am Himmelsgewölbe abwechselnd die Erde, jeder zwölf Stunden lang. Und fällt Tau zur Erde oder es gibt Rauhreif, dann ist etwas von dem Schaum aus den Nüstern Hrinfaxis zur Erde gefallen. Wenn Skinfaxi den Wagen zieht, dann leuchtet die Welt auf in der Helligkeit seiner strahlenden Mähne.

Aus der germanischen Mythologie sind uns zahlreiche Pferdegestalten überliefert, deren Namen denjenigen wohlvertraut sein mögen, die Islandpferde kennen oder geritten haben, denn immer noch benennt man diese Tiere gern nach ihren Vorfahren. Fengur, Gisl, Gladur, Jalkur oder Verkur sind Namen von Götterrossen, ebenso wie Hofwarpnir (der Hufwerfer), das Pferd der Göttermutter Freya, oder Grani, auf dessen Rücken der berühmte Held Siegfried seine Abenteuer bestand.

Das ranghöchste Pferd der Germanen war allerdings der achtbeinige Sleipnir (der Raschdahingleitende), das Pferd des Götterkönigs Odin. Seinen Namen rechtfertigte das

Tier, als Odin einmal von Hrungnir, dem König der Steinriesen, zu einem Wettkampf aufgefordert wurde. Es ging darum, wessen Pferd schneller laufen kann, Odins Roß Sleipnir, oder Hrungnirs Pferd Gullifari. Obwohl Gullifari so schnell war, daß es vor der Himmelsbrücke nicht mehr anhalten konnte und seinen Reiter in die Welt der Götter katapultierte, lief Sleipnir noch bei weitem schneller. In den Geschichten um Sleipnir und die anderen Rösser lassen sich Verbindungen zu den alten religiösen Bräuchen unserer Vorfahren wiederfinden. Immer wieder tragen auch Schiffe die Namen dieser Sagengestalten.

Meine Geschichte beginnt 1974. In Heiligenhafen aufgewachsen verbrachte ich viel Zeit am Ostseestrand, wo man den vorbeifahrenden Schiffen hinterher schauen konnte, und die von ihnen erzeugten Wellen einem schon mal die Gummistiefel vollschwappten, wenn man nicht aufpasste. Auf jeden Fall waren die Schiffe, wie sie erschienen und entschwanden, von besonderem Interesse. Wo sie herkamen, wusste jeder (aus dem Hafen). Aber wo sie hinfuhren, wenn sie am Horizont entschwanden, das konnte man nur erahnen. Und sich mit den anderen Bengels tolle Phantasiegeschichten darüber erzählen. Unsere Nachbarn hatten eine Segelschule und besaßen schon immer ein Segelschiff.

Das wechselte hin und wieder und wurde dabei immer größer. Anfang der 70er Jahre bekamen sie ein Schiff, für das der Hafen in der Nähe des Grundstücks meiner Eltern nicht mehr tief genug war. Dieses Schiff konnte nur bei den großen Schiffen, bei den Kuttern im Stadthafen, festmachen. Es war das größte Segelschiff mit nur einem Mast. Der war so hoch, dass er nicht mehr unter der Fehmarn-Sund-Brücke hindurchpasste. Es hatte diesen flachen, langgestreckten, dunkelblauen Rumpf ganz ohne Aufbauten. Nur kleine Skylights und Luken aus Mahagoni waren auf dem riesigen Teakdeck zu finden. Ein weißer Drachenkopf am Bug zierte den endlos langen Schiffskörper. Dieses Schiff musste schnell sein. Wenn nicht sogar das schnellste überhaupt. Der Name „Zinita" war am extrem schrägen Heckspiegel in weisser Schrift zu lesen. Für uns Jungs eine unglaubliche Erscheinung. So oder so ähnlich mussten auch schon die Schiffe der Wikinger ausgesehen haben.

Sie war ein „Zwölfer", eine 12mR Yacht, gebaut 1926 auf der Werft von ‚William Five' in Schottland, wie ich später noch lernen sollte.

1974 ergab es sich, dass ich zusammen mit dem Nachbarsjungen, der von klein auf ein Freund von mir war und auch heute noch ist, zu einer mehrwöchigen Seereise an Bord

gehen konnte. Und auf dieser Fahrt ging es nicht gerade geruhsam zu!
Bei maximaler Besatzungsstärke mussten wir Jungs beim Essen aus Platzgründen oben auf den Seitenschränken sitzen. Neben dem Heimweh nach Muttern machte mir bei schwerem Wetter der Seegang zu schaffen. Ständig ging irgend etwas kaputt und musste im nächsten Hafen repariert werden. Doch wo es auch hinging, stets war die „Zinita" der höchste Mast im Hafen. Die Hafenmeister wurde allesamt mit einer Flasche durchsichtigen Inhalts und einer Fledermaus drauf bestochen, um die horrenden Liegeplatzgebühren für das große Schiff zu mindern. Wir Jungs gingen dann an Land und erkundeten die fremde Welt, bis es schließlich wieder hinaus ging auf See. Auch die Besatzungen der Feuerschiffe wurden schon mal bedacht, indem man längsseits ging und ihnen gehörige Mengen Alkohol zukommen ließ, und sich am nächsten Tag über die ausgebliebene Wettermeldung des Betroffen im Radio amüsierte. Aber auch die Mannschaft trank.
Zu hunderten, wenn nicht zu tausenden kamen die grünen Flaschen aus den Tiefen der Bilge unter den Bodenbrettern hervor. Für uns Jungs gab es orangefarbenen Sprudel, doch der war bald aus. Dann gab es nur noch Bitter-Lemon, ein Zeug, das ich bis heut´

noch nicht wieder mag. (An das Getränk aus den grünen Flaschen hab´ ich mich inzwischen gewöhnt.) Und wie das Schiff segelte! Bei Starkwind wurden Frachter überholt, da half auch der plötzlich ganz schwarz werdende Rauch aus dem Schornstein nichts.
Wieder zu Hause angekommen, war die Welt nicht mehr wie vorher. Seekrankheit war kein Thema mehr, eher schwankte mir der feste Boden unter den Füssen. Mit Muttern lag ich ständig im Clinch, bisweilen fand ich sie sogar blöd. Dafür stand ich am Strand und schaute mit Fernweh dem grossen blauen Drachenboot hinterher, wenn es wieder auslief. Wie es nach verlassen der Fahrrinne den Bug in den Wind drehte und die Besatzung mit der gewohnten Mühe die großen Segel setzte. Wie es dann vom Wind abfiel, seine Segelgeschwindigkeit aufnahm und in Richtung Horizont ablief.
Ohne mich, denn ich musste ja wieder zur Schule.
Zwei Dinge standen zu diesem Zeitpunkt bereits fest, ohne dass ich es schon wusste: Ich werde später zur See fahren und ich werde ein eigenes Boot haben – eines, das so segelt, wie dieses. „Zinita-geschädigt" nannten meine Eltern diesen Zustand, auf den ich stets besonders stolz war und der mich auch heute noch in seinem Bann hält.
Im September 1938 wird „Sleipnir IV" an

die Reichsmarine, Marinearsenal Kiel, mit der Segelnummer G38 ausgeliefert. Sie ist ein „Sechser", eine 6mR Yacht, gebaut unter der Baunummer 3296 auf der Bootswerft „Abeking & Rasmussen" in Bremen Lemwerder. Zu der Zeit sind die „Sechser" olympische Klasse, nur fanden die Olympische Spiele 1940 nicht statt. In den Meldeunterlagen des Kieler Yachtclubs soll für die Kieler Woche 1939 „Sleipnir IV" mit dem Schiffsführer „Korvettenkapitän Rogge" eingetragen sein, der später im Krieg als Hilfskreuzerkommandant noch erhebliche Berühmtheit erlangte.

„Sleipnir IV" übersteht den Krieg an Land und wird ohne Mast Kriegsbeute der englischen Besatzungsmacht. Nach sieben Jahren bei der Kriegsmarine bleibt das Schiff für 23 Jahre bei den Engländern. Die Inselsöhne gründeten an der Förde den „British Kiel Yacht Club" und lassen 1946 ein neues, etwas kleineres Rigg anfertigen. Dennoch steht das Schiff meist im Schuppen. Im Weiteren wird auf der „Ratje Werft" in Kiel-Friedrichsort eine Kajüte eingebaut, um aus dem offenen Rennsegler ein etwas zivileres Tourenboot für die Segelausbildung zu machen. 1968 erwirbt der ehemalige Luftwaffen-Offizier Rolf Dehning aus Kiel durch Höchstgebot das Boot. Der Heimathafen wird Strande. Dehning segelt auch in hohem

Alter noch ohne Motor und verhilft dem Boot auf der Kieler Förde zu einem beachtlichen Bekanntheitsgrad. Es gibt unzählige Geschichten, wer in dieser Zeit alles auf dem Boot gesegelt sein soll, unter anderem der damalige Bundespräsident Karl Carstens.
Als Herr Dehning bei einem Autounfall tödlich verunglückt, entschließt sich die Witwe, das Boot zu verkaufen. Im Mai 1986 erscheint eine Verkaufsanzeige in der „Yacht" und das Boot gelangt nach 18 Jahren bei der Familie Dehning in den Besitz des heutigen Eigners.
Wir suchten ein Schiff und waren bereits um einen 30er Schärenkreuzer in Verhandlungen getreten, als mich meine Verlobte Anfang Mai auf eine Verkaufsanzeige in der YACHT aufmerksam machte: *6mR-Yacht G38 Bj.1938, A&R, Mahag.natur kompl. m. Zubeh. zu verk.* „Das ist eine kleine Zinita", gab ich zu bedenken, „Das kann man vergessen, unbezahlbar." Mit meinem Offizieranwärtergehalt sah ich mich in der Lage, fünftausend Deutsche Mark für ein Schiff aufzubringen. „Ruf doch trotzdem mal an" war die Empfehlung meiner Verlobten. Es meldete sich eine alte Dame, die mir mitteilte, dass das Schiff für zehntausend Deutsche Mark zu verkaufen sei. Ich verabredete umgehend einen Besichtigungstermin. Also fuhren wir in unserem Käfer Cabrio zum

Gut Eckhof in Kiel-Schilksee, und da stand sie: Auf einem Unimoggestell, in Mahagoninatur und einem Holzmast mit drei Salingen! Lack- und Farbschichten waren in schlechtem Zustand, die Kernsubstanz hingegen voll in Ordnung, das vermochte ich festzustellen. Eine Saling war gebrochen.
Dieses Schiff musste es sein, da gab es keine zwei Meinungen! Wir meldeten uns bei der alten Dame und äußerten unsere Kaufabsicht, doch so einfach war das nicht. Zunächst wurden wir zum Kaffee eingeladen und ausgiebig befragt und mussten berichten. Dieses Schiff war nicht einfach so zu kaufen, vielmehr musste man es adoptieren! Der alte Herr war sehr penibel damit gewesen, bauliche Veränderungen waren für ihn Frevel und eine Änderung des Original-Namens dürfe niemals stattfinden, das mussten wir an Eides statt versichern. So wurde man sich einig und es dauerte eine Weile, bis ich dieses Glück wirklich fasste. Am Geld durfte das jetzt nicht scheitern und so trug ich den KFZ-Schein meines vor kurzem erworbenen Autos zur Bank. Alles weitere das Boot betreffend wurde von Herrn Dehning Junior abgewickelt. Der hatte eigentlich gar keine Zeit, denn er war stark in einer Umweltschutzgruppe engagiert, die gerade damit beschäftigt war, die Radioaktivität im Supermarktgemüse zu messen (Die Tscher-

nobyl-Katastrophe hatte gerade stattgefunden). Jedenfalls fand ich es bermerkenswert, wie er sorgfältig auf die richtige Reihenfolge beim Ablegen seines gelben Ölzeugs achtete, um sich nicht mit dem radioaktiv verseuchten Regenwasser zu kontaminieren. Von ihm erhielten wir das gesamte Zubehör des Schiffes, das sich in dem kleinen Sommerhäuschen der Familie Dehning in Strande befand. Es reichte aus, um unsere kleine Kieler Wohnung in eine Segelkammer zu verwandeln.

Beim Segelverein der Nachbarn meiner Eltern konnte ich einen Liegeplatz bekommen, also mußte das Schiff nach Heiligenhafen. Große Möglichkeiten der Überholung gab es ohnehin nicht in Strande, deshalb wurde nur das Unterwasserschiff gestrichen und die kaputte Saling repariert. Außerdem wollte ich jetzt segeln, für's Überholen würde ich die nächsten Jahrzehnte noch Zeit haben! Der Hafenmeister in Strande kannte das Schiff, und auch die alte Dame hatte es angedeutet: „Das Schiff macht erst mal ordentlich Wasser, das ist normal. Unbedingt eine Nacht in den Gurten hängen lassen!" Als wir am nächsten Morgen vorm Dienst anrückten, um nach dem Rechten zu sehen, hatte sich diese Prophezeiung voll erfüllt: Der Schiffsbauch stand gestrichen voll Wasser, die Sitzbänke im Salon waren überflutet und die darauf abgestellte Werkzeugkiste abgesoffen. So fiel der Dienst an diesem Vormittag aus, und es brauchte Stunden, bis wir mit unseren Pützen den Dampfer irgendwann leer hatten. Die elektrische Gartenpumpe meines Schwiegervaters war nun im Dauerbetrieb in der Lage, Sleipnir lenz zu halten. Am Wochenende wurde der Mast gesetzt und das Schiff eingeräumt, dann konnte es losgehen: Überführungsfahrt nach Heiligenhafen!

Was schnell festzustellen war und ich auch heute noch besonders schätze: Sleipnir ist eine echte Meteryacht mit all den Segeleigenschaften, die diesen Yachttyp auszeichnen. Der Überführungstörn verlief relativ unproblematisch. Problematisch hingegen blieb allerdings das weiterhin eindringende Wasser. Im Hafen war eine über die Bordbatterie gespeiste zwölf Volt Bilgenpumpe ausreichend, im Seegang bei Schräglage musste intensiv mit der Handpumpe unterstützt werden, um das Schiff über Wasser zu halten. Auf der Luvseite machten die Plankennähte mitunter so weit auf, dass man in der dunklen Bilge grünes Tageslicht sehen konnte. Einmal mußte eine Segeltour gegen die See nach Kiel abgebrochen werden, um vor dem Wind abzulaufen und den bis zu den Sitzbänken vollgelaufenen Kahn wieder lenz zu bekommen. Es dauerte Jahre, bis ich den Mut fasste, energische Eingriffe in die Originalsubstanz des Rumpfes zu unternehmen, die endlich Wirkung zeigten.

In den ersten Jahren verfügte ich auch nicht über die Mittel, um das Schiff wünschenswert zu überholen und auszustatten. So beschränkten sich die Maßnahmen auf das, was mit viel Zeit, aber ohne viel Geld zu bewerkstelligen war. Bald erstrahlten alle Lackschichten in neuem Glanz, lose Verbindungen waren wieder fest (das immense Ruderspiel war beseitigt) und das mit hellblauem „Tischtennisplattenbelag" bespannte Deck war abgedichtet und weiß überstrichen. Kurz nach der Anschaffung des Schiffes ließ ich allerdings in Hamburg einen recht teuren, über vier Meter langen Schiffsstander anfertigen, der das achtbeinige Pferd Odins mit langem Schweif in weiß auf rotem Grund darstellte und fortan im Masttop von „Sleipnir IV" zu sehen war, sobald das Schiff segelte. Und so wurde gesegelt, solange es das Material aushielt: Die Schoten bis sie brachen, die Schienen bis sie aus dem Deck flogen und die Segel bis sie rissen (die wurden zunächst aber immer noch wieder repariert). Was mir nicht mehr gut erschien, waren die Metallteile. Sie waren ursprünglich feuerverzinkt und vom Vorbesitzer mit einer Bleimenninge überpönt worden, unter der nun der Rost hervorquoll. Also wurden die Bodenwrangen und Beschläge des Rumpfes jeweils im Winterlager nach und nach ausgebaut und durch Neuanfertigungen aus Nirostahl ersetzt. Vor allem die Püttings, also die Stahlteile, die den Mast seitlich halten, jagten mir beim Ausbau doch einen gewaltigen Schrecken ein, da das einst zehn Millimeter dicke Material bis auf zwei Millimeter weggerottet war. Die Kielbolzen hingegen sind aus Bronze gefertigt und halten das zweieinhalb Tonnen Bleigewicht auch heute noch in seiner Position. Im Laufe der Zeit war es mir dann möglich, auch finanzintensive Umbau- und Erneuerungsmaßnahmen durchzuführen, hingegen wurde die zur Verfügung stehende Zeit nun immer knapper. Als ich 1989 als junger Leutnant wieder an Bord eines U-Bootes kam, sagte mein Kommandant, als er von meinem Segelschiff erfuhr, dass ich das vergessen könne, da ich in Zukunft keine Zeit mehr für „sowas" haben würde. Er behielt nicht recht. Ich nahm mir einfach die für mein altes Schiff erforderliche Zeit, auch wenn das für die berufliche Karriere nicht immer förderlich sein sollte. 1994 wurde ich selber Kommandant eines U-Bootes und hatte die Gelegenheit, im Marinestützpunkt Eckernförde einen Liegeplatz für mein Segelschiff zu bekommen. So kam „Sleipnir

IV" ab 1994 von Heiligenhafen schließlich nach Eckernförde.

Im Herbst des Jahres 1994 kam es noch zu einem großen Schaden: Im Sturm hatte sich im Marinehafen ein Ponton losgerissen und über Nacht erhebliche Beschädigungen am Schiff verursacht. Es klaffte ein riesiges Loch in der Backbordseite des Hecks, Planken und Spanten waren beschädigt oder ganz weg, der Heckspiegel war praktisch nicht mehr vorhanden. Die Segelsaison war damit beendet. Das Loch im Rumpf wurde mit Segeltuch abgedichtet und das Schiff nur mit den Backstagen als achterliche Mastsicherung (ohne Achterstag, die Halterung hatte keinen Halt mehr) ins Winterlager gesegelt. Alles Schlechte hat ja irgendwo auch sein Gutes: Das Schandeck backbord achtern war ohnehin undicht und der Balkweger darunter deshalb angerottet; ich erkannte die Notwendigkeit einer Vollkaskoversicherung; und ich lernte einen Bootsbauer kennen, der sich auf meine Suchanzeige in der Zeitung meldete und die Reparatur am Boot ausführte. 1998 wechselte dann die Winterlagerstätte von der Rader Insel im Nord-Ostsee Kanal zur gerade an der Rendsburger Hochbrücke gegründeten „Boots- und Yachtwerft A.Sick". Hier wurden im Laufe der Jahre Planken ausgetauscht und verleistet, das komplette Deck erneuert und in geändertem Layout samt Cockpit-Anordnung neu erstellt. Der hohe Aufbau mit auf Deckshöhe befindlichem Cockpit wurde durch besser zur Linie des Schiffes passende, flache Aufbauten mit dahinterliegendem, tiefen Cockpit ersetzt. Nur ein Skylight und Luken aus Teak und Mahagoni sind heute noch auf dem Deck von „Sleipnir IV" zu finden. Eine weiße Linie mit Pfeilspitze am Bug ziert den in Mahagoninatur lackierten, 11,20 Meter langen, aber mit nur 1,80 Meter Breite extem schlanken Schiffskörper.

Auf dem Rückweg nach den Klassiker Regatten 2004 von Laboe nach Eckernförde kam es erneut zu einer zunächst als Katastrophe erscheinenden Havarie. Kurz nach Auslaufen auf dem Hinweg zur Regatta wurde „Sleipnir IV" von orkanartigen Böen getroffen. Alleinsegelnd hatte ich alle Mühe, mit der dafür zu großen Segelfläche klarzukommen. Beim Reffen beobachtete ich mit Besorgnis den sich unter der enormen Last schüttelnden und verdrehenden Mast, der längst einer Überholung bedurft hätte. Mit einigem Stolz erreichte ich Laboe, und mit der Gewissheit, dass mein Schiff so etwas aushält. Auf der Rückfahrt wehte es gerade mal mit beschaulichen sechs Windstärken. Aber es hatte sich eine für die Ostsee typische, kurze und steile See aufgebaut, in die das Schiff heftig einsetzte. Auf dem Stollergrund hatte ich gerade zwei mitlaufende Yachten überholt und gewendet, als das Unerwartete geschah: Mit splitterndem Krachen knickte der Mast nach lee und knallte neben den Rumpf ins Wasser! Sleipnir verlor rasch an Fahrt und legte sich quer zur See. Ohne den Mast hatte der Rumpf eine extrem geringe Rollperiode und schlug in dem kurzen, hohen Seegang wild von backbord nach steuerbord. Alles, was nicht niet- und nagelfest war, flog durch die Gegend und es war nahezu unmöglich, sich an Oberdeck zu bewegen. Meine größte Sorge galt den in Lee treibenden Wrackteilen, die nun an den Rumpf gedrückt wurden. Es gelang, die Bruchstücke des Mastes mit beiden fast neuen Segeln an Deck zu bekommen und zu fixieren. Die Überholten hatten das Geschehen beobachtet und einer der beiden drehte bei, um Schlepphilfe anzubieten. Ich befand mich bei dem ablandigen Wind zwar nicht in Seenot, war aber dennoch sehr froh, denn ganz ohne Segel war ich ungewohnt manövrierunfähig. Wieder im Hafen war ich dieses Mal stolz, die Bruchstücke und vor allem die beiden neuen Segel geborgen zu haben. Die Situation hätte sicher ein Kappen aller Drähte und die Aufgabe der im Wasser befindlichen Riggteile gerechtfertigt, was die Schadensumme beträchtlich erhöht hätte.

Der Sachverständige der Versicherung ermittelte als Havarieursache „Alterung des Materials". Nicht etwa das Holz (das Datum 19 VI 46 war als Inschrift auf der Innenseite des Mastes angebracht), vielmehr hatte der damals verwendete Leim großflächig nachgegeben. Vermutlich wurden die Verleimungen beim Fiasko auf dem Hinweg bereits so geschwächt, dass es auf dem Rückweg nur noch heftiger Stampfbewegungen bedurfte, um sie endgültig versagen zu lassen. Alterung ist jedenfalls als versichertes Risiko in meinen Vollkasko-Versicherungsbedingungen ausdrücklich erfasst, deshalb nur eine „Zunächst-Katastrophe". Immerhin wurde auch diese Segelsaison „schlagartig" beendet.

Meine Werft fertigt gerade den neuen Mast, und zwar nach den Original-Unterlagen von „Abeking & Rasmussen". Der wird gut einen halben Meter länger als der alte. Natürlich gibt es bei der Gelegenheit auch neue Salinge, Wanten, Stagen und Beschläge. Und ein neues Mastschienensystem. Und einen neuen Baumbeschlag. Und eine Fallwinsch. Und... und... und...

Zum Sommer des Jahres 2006 schickt mich mein Arbeitgeber für vier Jahre nach Neapel/Italien. Das bedeutet den kompletten Umzug von Familie und Hausstand in den

Süden. Also auch für „Sleipnir IV". Ihr neues Fahrtgebiet wird dann das Mittelmeer sein. Angeblich ein tolles Segelrevier und auch dort gibt es ja viele Klassiker-Regatten.

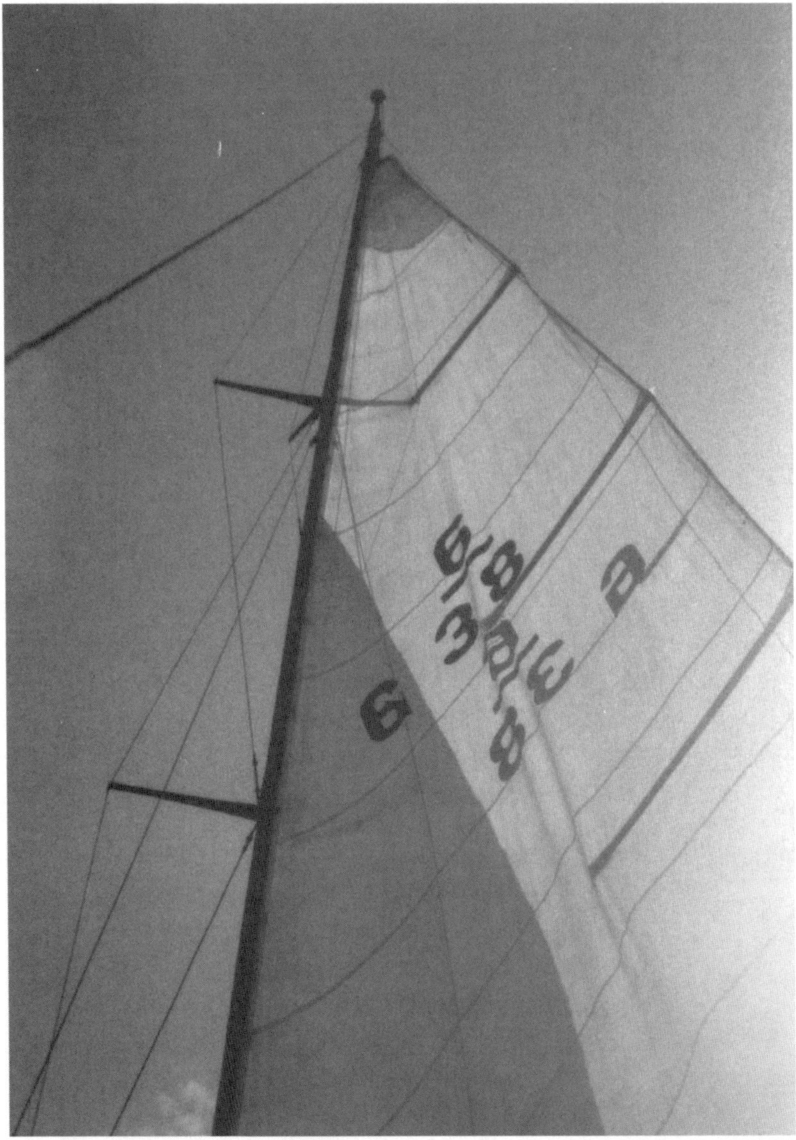

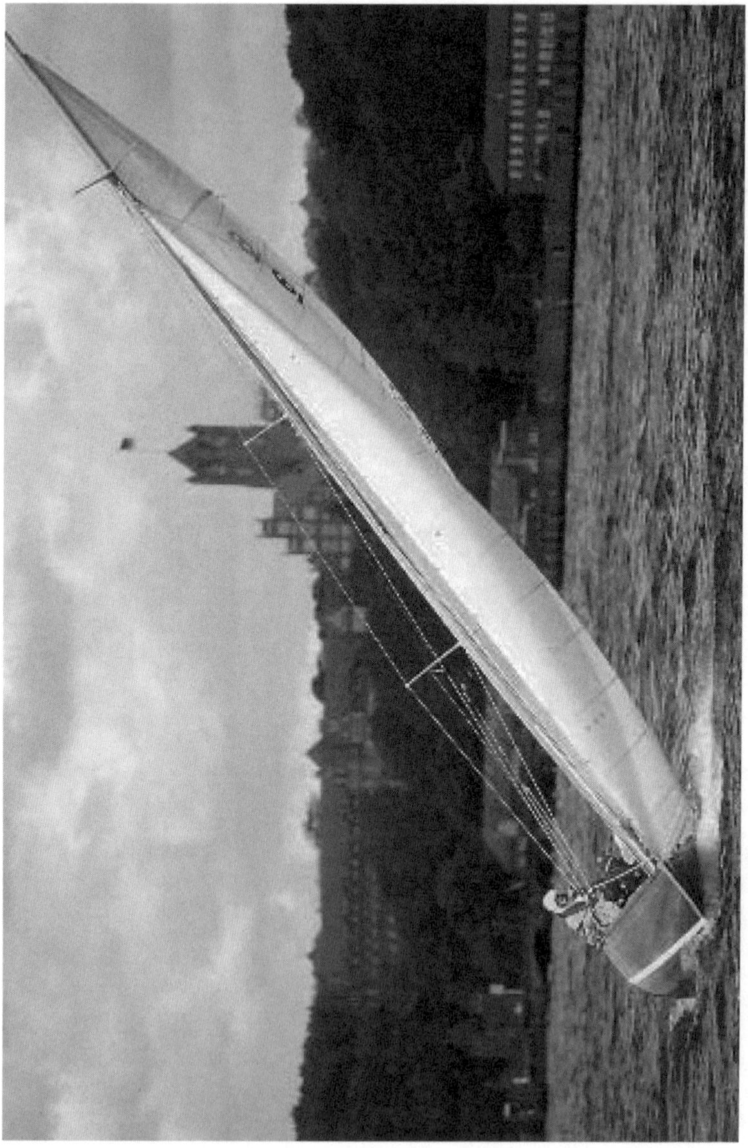

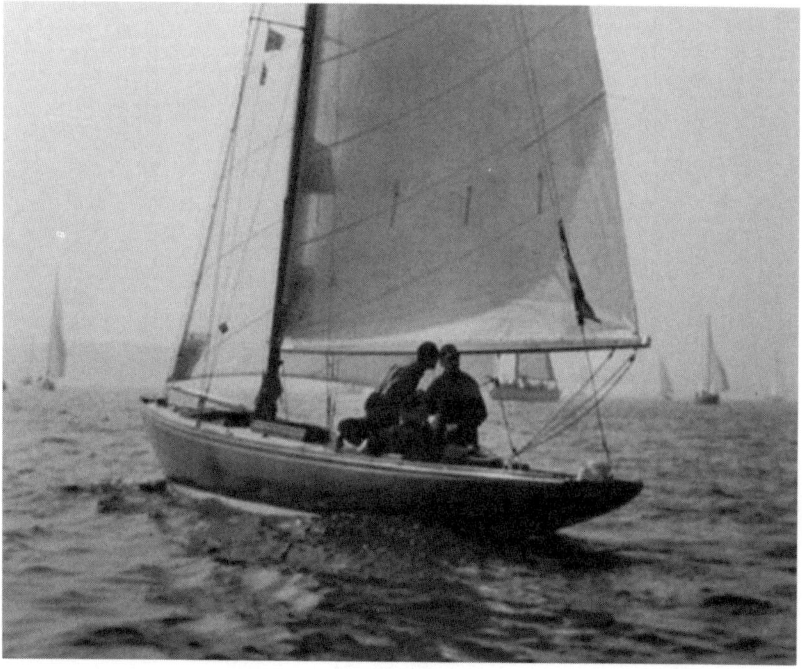

# TAMARA

länge über alles: 13,40 m

länge rumpf: 10,00 m

breite: 2,88 m

tiefgang: 2,88 m

segelfläche: max. 74 qm

baujahr: 1937

bauort: bremen/ lemwerder, abeking& rasmussen, baunummer 3175

schiffsart: 40 qm jollenkreuzer

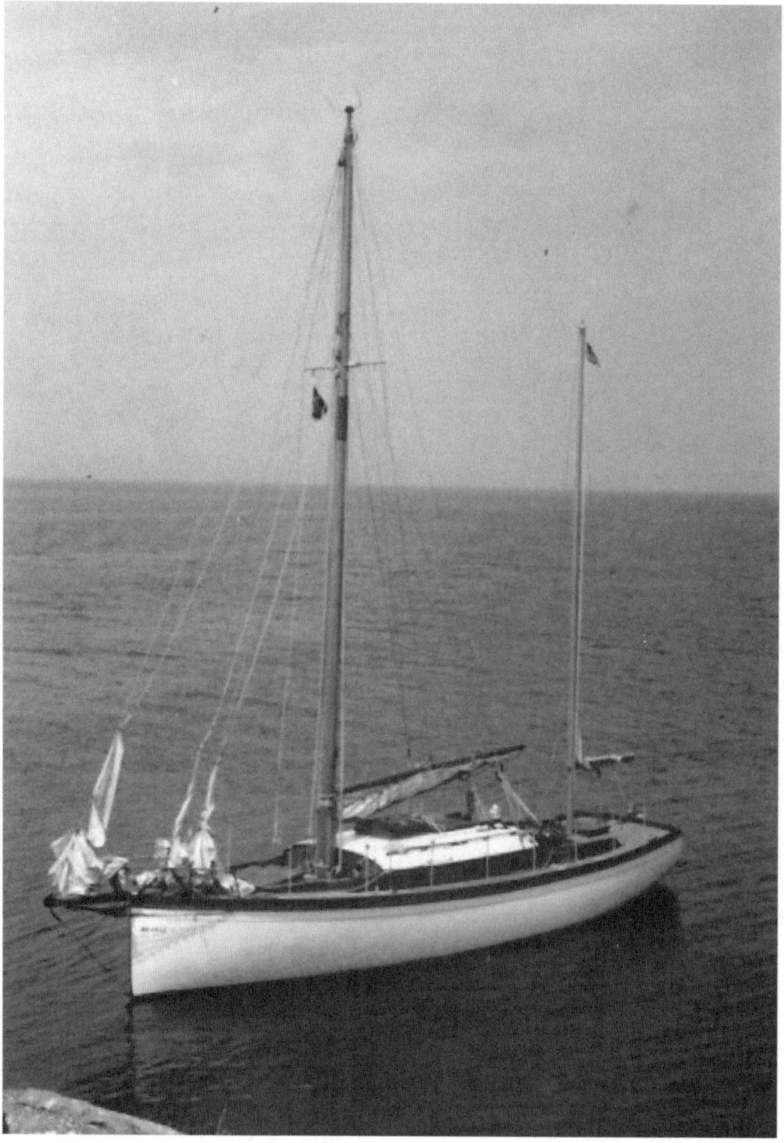

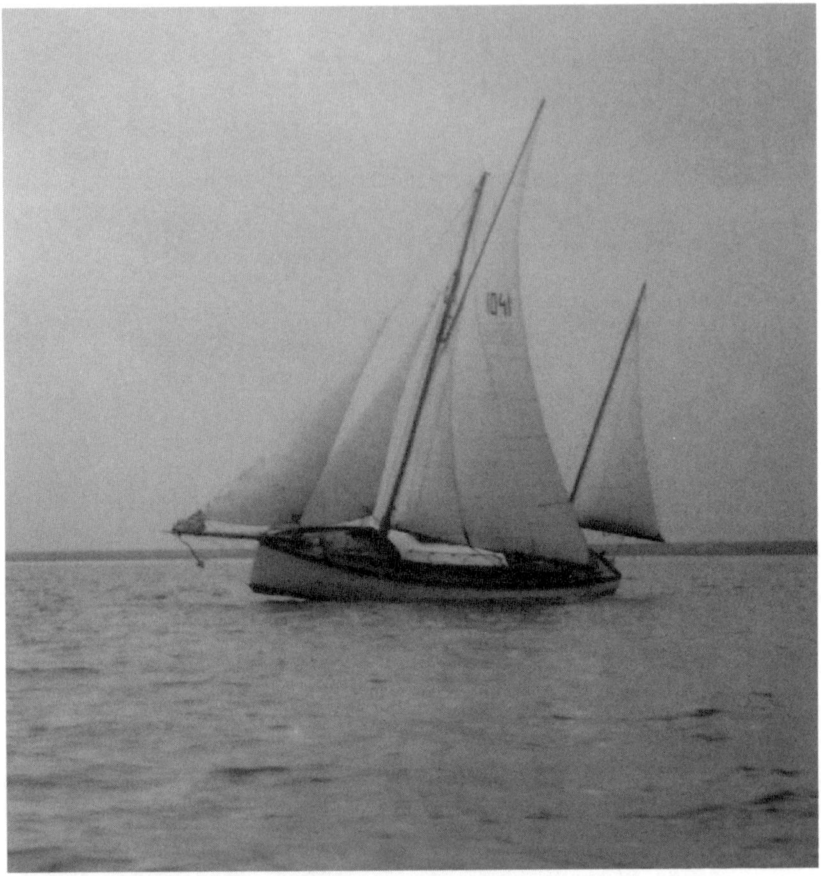
1041

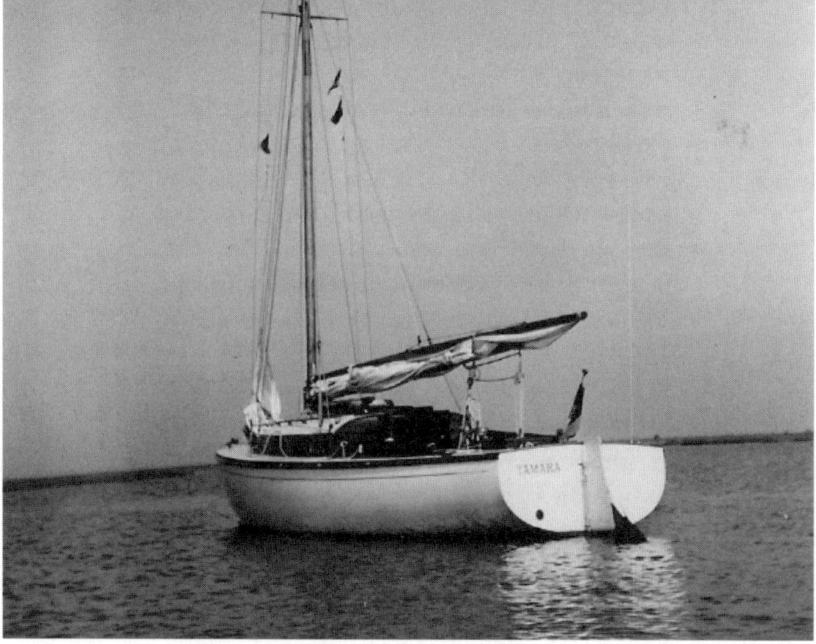

Im Jahre 1936 wurde durch Herrn R. Duntz, Blaupunkt Hannover, wohnhaft in Großenheidorn am Steinhuder Meer, eine Segelyacht bei Abeking und Rasmussen, Br. Lemwerder in Auftrag gegeben. Es sollte ein Boot gebaut werden, welches für Binnengewässer sowie auch für die Küstenfahrt geeignet ist, um eventuell auch nach England zu segeln.
So zeichnete Jimmy Rasmussen einen Sonderling.
Er baute einen sehr starken Rumpf aus Tabasco Mahagoni, mit engen Eichenspanten und starken Wrangen. Es wurde ein sehr langer Schwertkasten eingebaut und ein Kielholz mit durchgebolztem Gusskiel mit 1000 kg Gewicht. Der Drehpunkt des Schwertes war exakt vorn über dem Gusskiel; also weit unter der Wasserlinie. Das gewaltige Schwert wurde über Umlenkrollen unter den Bodenbrettern mit Durchlässen in den Wrangen nach achtern geführt und über eine eigens angefertigte Winsch in der Plicht bedient. Bei abgelassenem Schwert betrug der Tiefgang 2,88 Meter. Der Innenausbau war elegant im Stil dieser Zeit aus massivem Tabasco Mahagoni. Das Achterschiff mit Maschine wurde als Stauraum mit zwei Kojen ausgestattet.
Das Vorschiff besteht aus zwei sehr geräumigen Kojen mit Stauschränken. Eine unglaubliche Höhe für einen Jollenrumpf.

Gleich hinter dem Niedergang steuerbords befindet sich ein sehr geräumiger und gediegener Toilettenraum mit Waschgelegenheit.

Es wurde von der Werft eine Ford Vierzylinder- Benzinmaschine eingebaut. Starr und ausgerichtet mit Bronzewelle. Gelagert mit Sintermetall. Die Welle liegt eins zu eins zur Maschine. Alles sehr fachmännisch konstruiert.

Der Maststuhl steht auf der Kielsohle, und der Mast ist über einen 'toten' Mann einwandrei zu legen.

Das Schiff ist gaffelgetakelt. Mit einer Stelgaffel. Die Wantenpüttings sind am Laufdeck angebolzt, also dicht am Kajütenaufbau. Vier Stangen mit starken Beschlägen unten an den Wrangen, gehen in den Schränken mit Platten bis unter das massive Deck und wurden mit den Püttings mit Durchgangsbolzen verschraubt.

Das angehängte Ruder wurde über Ketten und Seilen über Umlenkrollen mit Radsteuerung ausgerüstet.

So wurde der Kielschwerter im März 1937 mit der Baunummer 3175 mit dem Namen Mary- Ursula zu Wasser gelassen. Der einfallende Rumpf brachte diesem Schiff elegante Linien.

Eine der ersten Reisen ging nach Berlin zum Wannsee. Nach dem Zusammenbruch des 2. Weltkrieges lag Mary- Ursula in der Lesum und wurde, wie so viele schöne Yachten, von den Engländern beschlagnahmt. Sie wurde nach Bremen gebracht. Von dort aus sollte sie auf einem englischen Frachter nach England transportiert werden. Doch es sollte anders kommen.

Die jetzige Tamara hing schon im Ladegeschirr des Frachters. In der folgenden Nacht wurde das Schiff vom Eigner und kernigen Freunden abgeschäkelt und heimlich zurück in die Lesum gebracht. Soweit es ging stromaufwärts. Sie wurde mit Treckern rausgerissen und in eine nahe gelegene Scheune gebracht. Dort wurde sie unter Stroh völlig versteckt.

Die Frau des Eigners verstarb. Nach neuer Heirat kam Jahre später eine Tochter zur Welt; diese wurde auf den Namen Tamara getauft.

So wurde aus Mary- Ursula Tamara.

Einige Zeit später wurde Tamara auf einen Eisenbahnwaggon in Bremen verladen und über die Steinhuder Kleinbahn nach Steinhude gebracht. Die Bootswerft Bolte entlud die Yacht und dabei rutschte sie unsanft vom Waggon. Angeblich war nichts passiert und so wurde das Schiff in einer Halle der Bootswerft eingelagert.

Ich erinnere mich gut, denn mein Vater Herwart Koch ließ sich bei Bolte einen Jollenkreuzer mit Scharpierumpf bauen. Das war im Jahre 1948, ich war damals 14 Jahre alt.

So fuhr ich immer mit meinem Vater zur Werft. Unter unmöglichen Umständen wurde dieses Schiff gebaut. Es war kein Material aufzutreiben, wie zum Beispiel Kupfernieten, Schrauben, Holz, und so weiter.

So entdeckte ich eines Tages in einem Nebenschuppen der Werft, völlig verstaubt und dunkel, die Tamara.

Nach dem Bestaunen meiner Entdeckung, sagte ich zu meinem Vater und dem Bootsbauer Bolte: „Was baut ihr denn da für eine Kiste? Warum wird das nicht so ein Schiff mit diesen Formen, wie in dem Schuppen nebenan?"

Schon hatte ich von meinem Vater eine hängen und auch Bolte war außer sich vor Wut. So wurde, trotz meines Einwandes, der hässliche Jollenkreuzer zwei Jahre später fertig. Im Jahre 1959 lag die Tamara plötzlich draußen auf dem Werftgelände. Der Eigner war Mitte der fünfziger Jahre verstorben. Durch seine zweite Frau, Helga Duntz, wurde die Tamara wieder flott gemacht.

Die Anstriche wurden nicht fachmännisch durchgeführt und die Lötlampe hinterließ hässliche Spuren. 1960 wurde Tamara am Schäkerlager zu Wasser gelassen. Mit 16 Jahren bekam ich von meinem Vater eine schöne kleine gaffelgetakelte Weserjolle, gebaut von Abeking und Rasmussen.

So sah ich auf dem Steinhuder Meer immer Tamara majestätisch bei jedem ruppigen

Wind voll aufgetakelt. Herr Duntz jr. segelte die Yacht im weissen Dress, damals sehr zünftig.
Nachts hörte ich die Blöcke der Großschot quietschen. Da wusste ich, da musste sie irgendwo sein.
Tamara war die Königin des Steinhuder Meeres, die größte Yacht war sie sowieso. Ich erinnere mich, als ich mit unserem Jollenkreuzer in einen Gewittersturm geriet; er holte auf steuerbord Kurs so weit über, dass ich glaubte, er steht nicht mehr auf. Da kam Tamara, voll getakelt und kreuzte meinen Kurs. Ich dachte, merkt dieses Schiff denn gar nicht diesen starken Wind? Wie ist das möglich?
So verging die Zeit. 1963 sah ich die Tamara nicht mehr auf dem Wasser. Sie lag im letzten Kanal in Großenheidorn unter einer großen Weide vor einer schönen Villa. Ein traumhafter Liegeplatz.
In der Zwischenzeit hatte Frau Duntz ihrem Sohn Wolfgang einen Seekreuzer von De Dood (Kleiner Bär) gekauft. Da Wolfgang in der Schweiz zur Schule ging, segelte der kleine Bär nun auf dem Bodensee.
Tamara war ausgemustert.
So segelte ich jedes Wochenende nach Großenheidorn zu Frau Duntz, um zu fragen, ob Tamara nicht zu kaufen sei. Ohne große Hoffnung verging die Zeit. So fragte ich immer wieder zaghaft und vorsichtig an.

Anfang 1963 erfuhr ich von Frau Duntz: „Ja Harro, wenn das Schiff verkauft wird, bekommst du die Tamara!"

Im Dezember des Jahres rief Frau Duntz bei mir an, sie sagte: „Harro, hol die Tamara ab, sie liegt schon im Eis- es wird Zeit!"

Ich kann nicht beschreiben, was da in mir vorging. Meine Gedanken waren, Tamara ist ein Schiff einer Größe und Klasse, wo ich alles mit machen konnte. Auf dem Steinhuder Meer segeln oder auf der Weser oder auch große Törns auf der Ostsee.

Das wichtigste aber war für mich, ich müsste mich niemals durch finanzielle Probleme von ihr trennen. Ich kann sie über Land transportieren, bei uns zu Hause in der Scheune oder im Garten lagern. Ja, so kam es auch. Ich, Harro Koch, war nun der Eigner der schönen Tamara.

Frau Duntz teilte mir mit, „Harro, das Schiff kostet 25.000 DM". Ich hatte gerade mal 5.000 DM zusammen. Sie meinte: „mach dir keine Sorgen, ich weiß, die Tamara ist bei dir in besten Händen. Mach dir wegen des Geldes keine Sorgen."

Wie es der Zufall wollte, besaß ich ein kleines, nahe am Wasser gelegenes Grundstück in Mardorf. Ich dachte nur, weg damit, für das Schiff.

Und ich hatte Glück, das Grundstück zu verkaufen. Ich bekam 20.000 DM. Zwei Monate später war Tamara bezahlt.

**Frau Duntz gab mir noch einen Kostenvoranschlag der Werft Abeking und Rasmussen mit. Zwei Gutachter dieser Werft hatten das Schiff genaustens untersucht, dieses hatte 14 Tage gedauert. Ich erinnere mich, dass jedes Detail aufgeführt war, die Gesamtsumme der Reparaturen betrug 19.800 DM. Aber das ist eine andere Geschichte, die ich auch noch erzählen werde.**

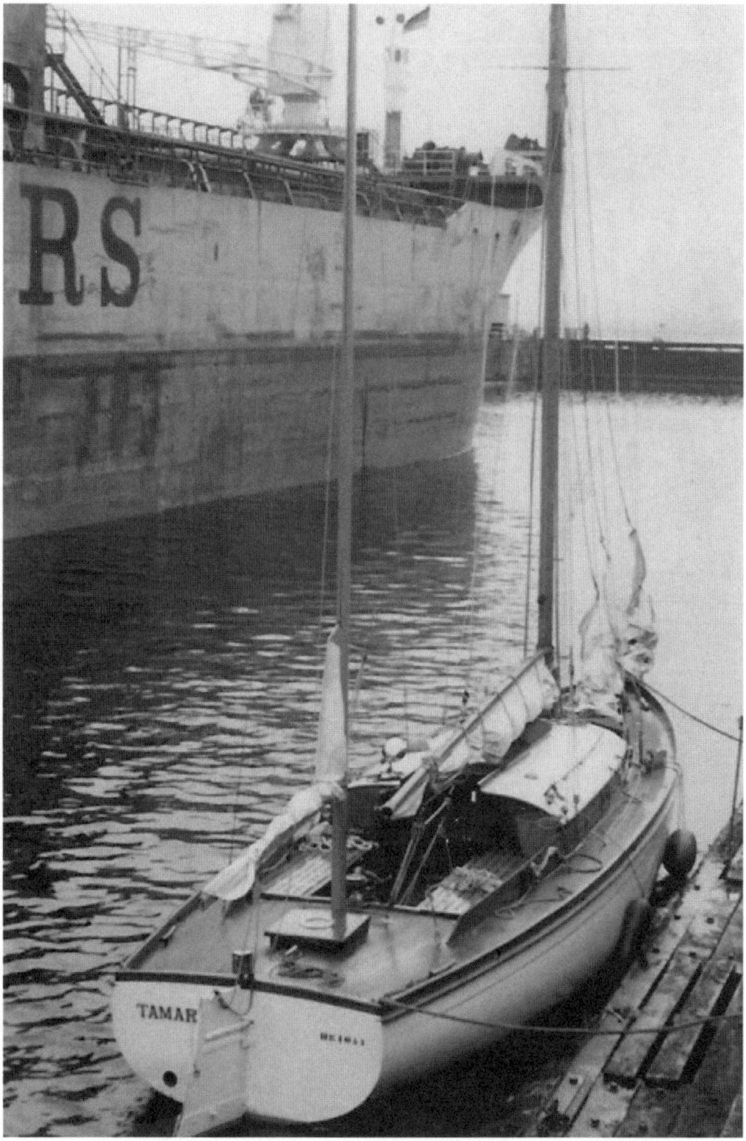
RS
TAMAR

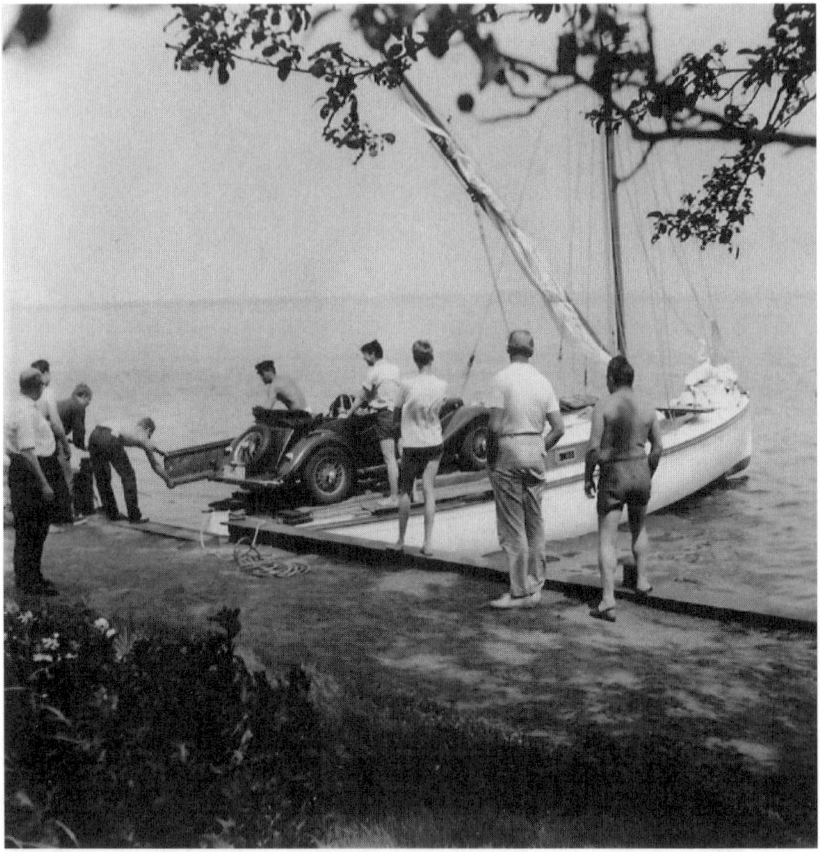

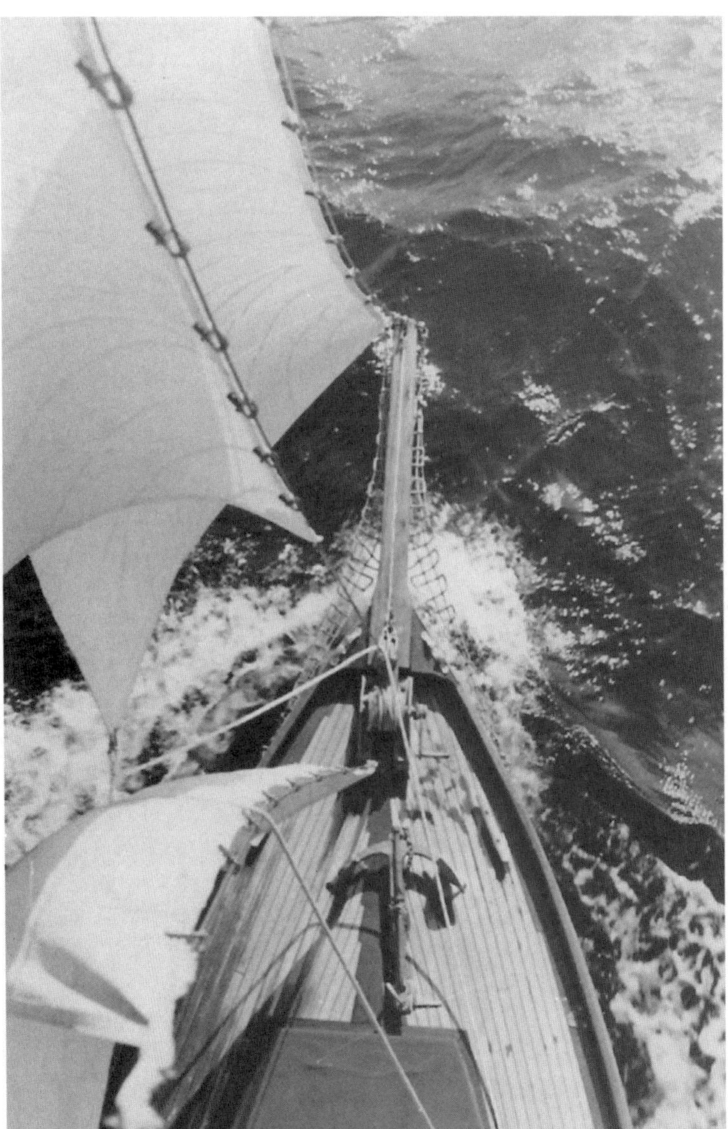

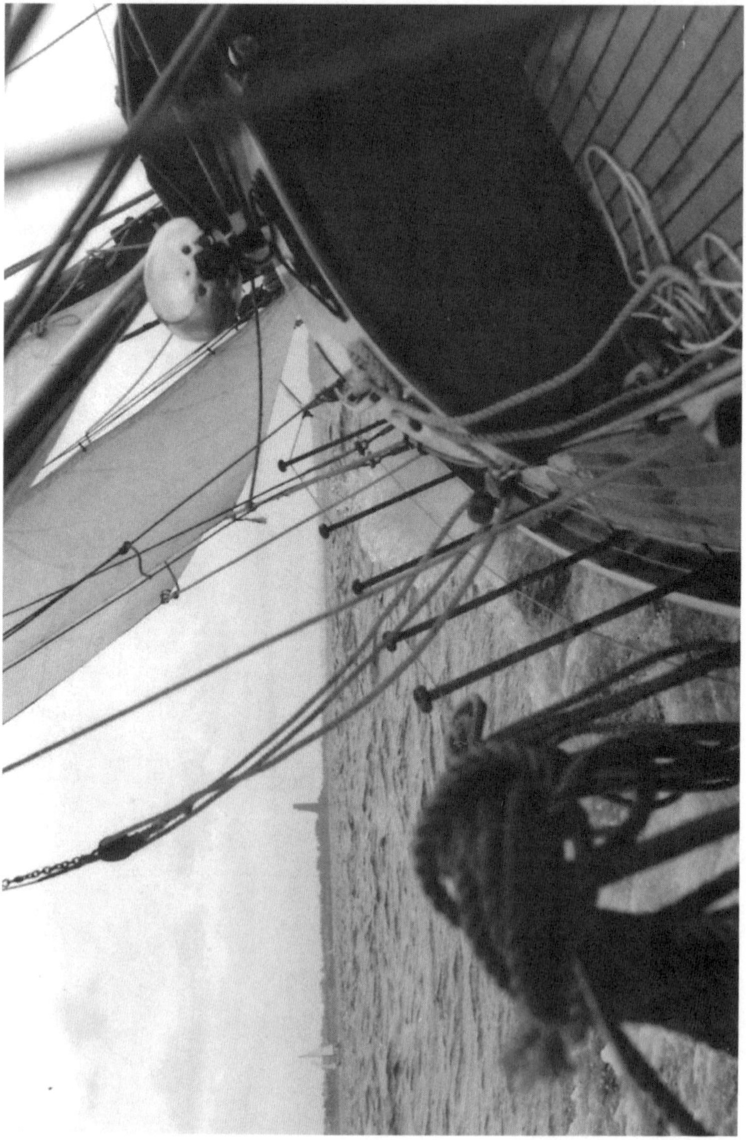

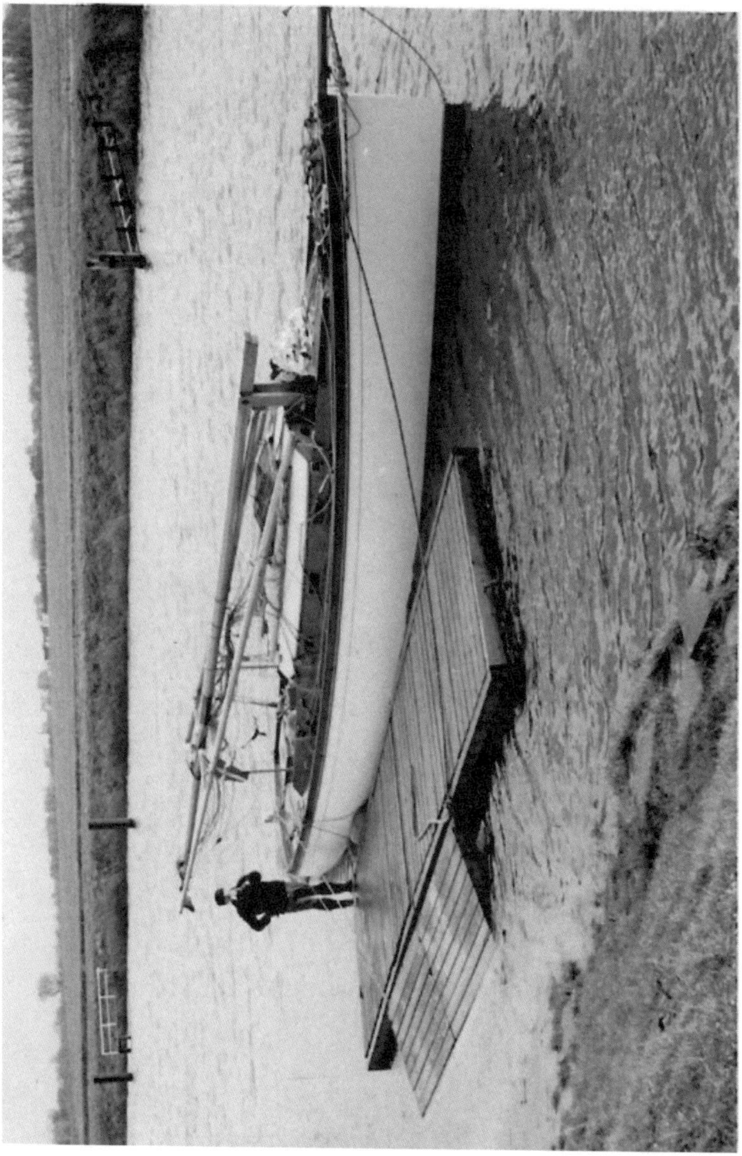

# WILLOW WREN

länge über alles: 30,00 m

länge über deck: 20,60 m

breite: 4,10 m

tiefgang: 2,55 m

segelfläche: 250 qm

baujahr: 1886

bauort: summers & payne, southampton, england

schiffsart: viktorianische rennyacht

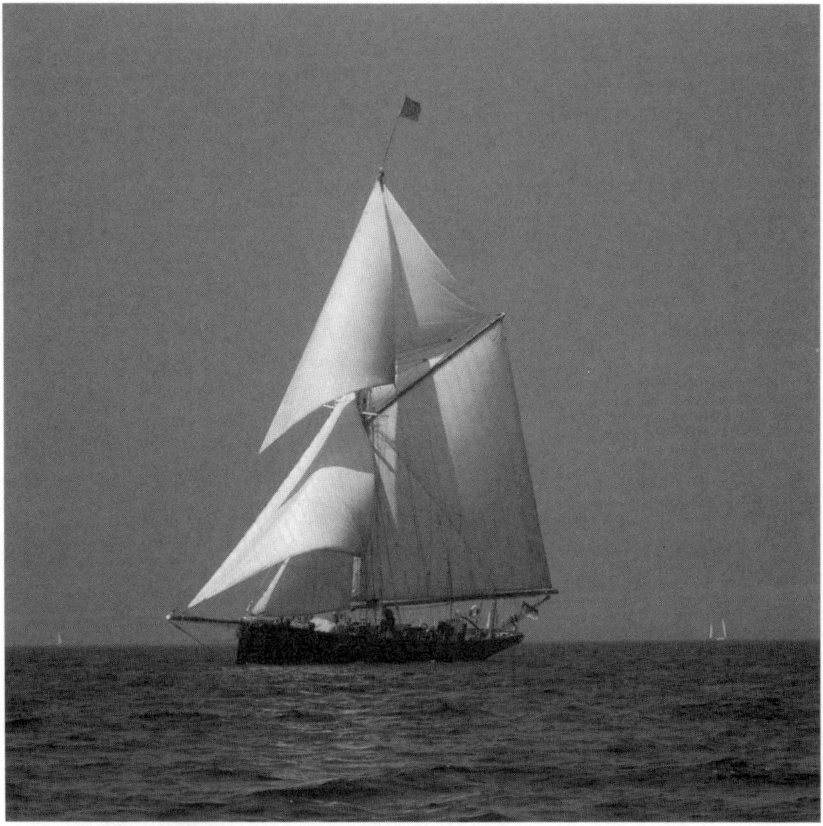

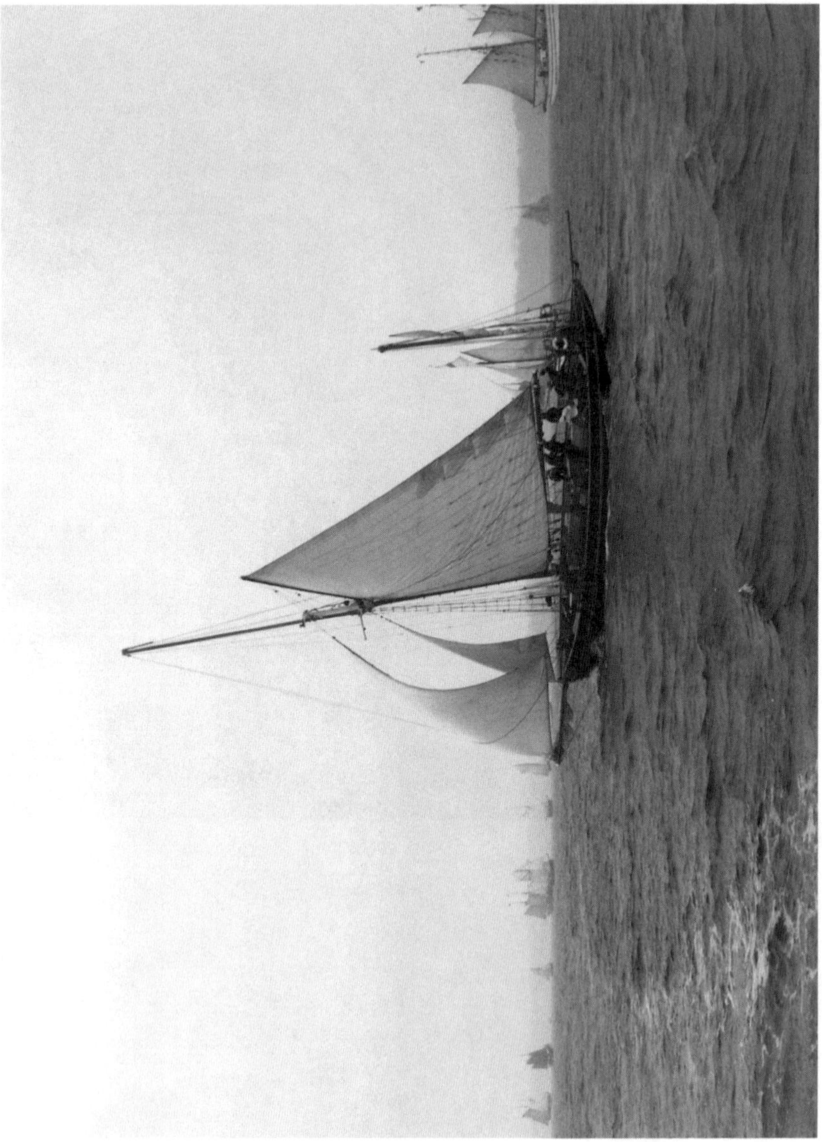

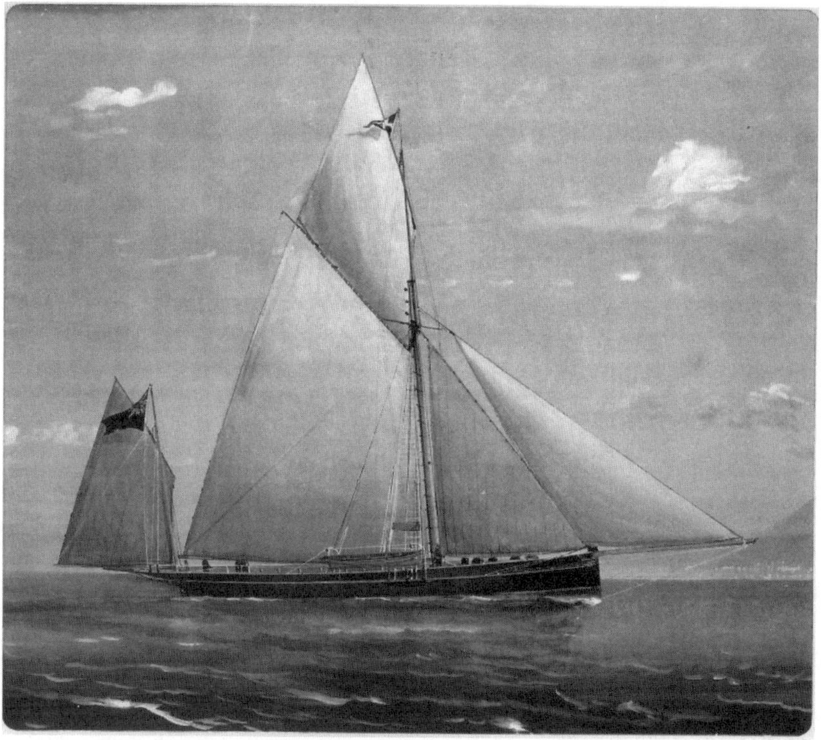

**Im** Jahre 1886 erteilte Lord Philip Patmore den Auftrag zum Bau eines schnellen Segelschiffes an die renommierte Werft von Arthur Payne (Summers and Payne) in Southampton. Willow Wren ist heute eines der ältesten erhaltenen Segelschiffe aus viktorianischer Zeit.

Der Lord, Gründer des Royal Burnham Yacht Clubs, ließ mit Willow Wren ein Schiff bauen, welches höchsten ästhetischen Vorstellungen nicht nur der damaligen Zeit entsprach:

Ein ungemein schlanker Rumpf, ein senkrechter, gerader Vorsteven, ein knapp über der Wasseroberfläche vorgestreckter Bugspriet, ein weit überhängendes Heck – eine schneidige „plank-on-edge"Konstruktion. In dieser Bauweise wurden auch die damaligen Rennkutter des America's Cup gebaut. Abgeleitet von den Formen der schnellen Fischerboote Ostenglands, aber dank der schlankeren Konstruktion und der verbesserten Besegelung noch schneller und manövrierfähiger, wurde Willow Wren, wie zahlreiche ähnlich gebaute Rennkutter ihrer Zeit, im Auftrage der englischen Königin als Schmugglerjäger eingesetzt.

Der Name Willow Wren (Schlanker Zaunkönig) sollte die Wendigkeit und Anmut dieses Schiffes unterstreichen.

Leider sollte schon um 1916 in den Kriegswirren das Seglerleben von Willow Wren vorläufig enden.

Aufgelegt im River Crouch verbrachte sie rund sechzig Jahre, zuletzt als Hausboot, gut konserviert im Flußschlamm, bis sie 1976 als erhaltenswürdiges maritimes Erbe entdeckt wurde. Die sorgfältige Restaurierung zum Segler begann; als Zugeständnis an die neue Zeit bekam Willow Wren ihre erste Maschine.

Im Innenbereich konnten bei der Restaurierung zahlreiche alte Elemente erhalten werden, insbesondere der mahagonigetäfelte Spiegelsalon versetzen einen zurück in die viktorianische Epoche.

Heute besegelt Willow Wren wieder in alter Schönheit europäische Küstengewässer.

Als wir Willow Wren 2001 in England übernahmen, kannten wir nur die ganz spektakulären Daten ihrer Geschichte und Herkunft. Alles, was sich sonst noch zwischen dem ersten Weltkrieg und der Eignerschaft unseres Vorbesitzers vor 1976 abgespielt hatte, war uns weitgehend unbekannt.

Etwa nach einem Jahr erreichte uns eine geheimnisvolle e-mail, eine alte Schwarzweiß-Photographie im Anhang. Auf dem Bild war deutlich zu erkennen, daß die dort abgebildeten Personen sich an Bord von Willow Wren befanden. Der noch heute erhaltene Niedergang von 1886 und einige weitere Details waren eindeutig zuzuordnen. In der englischsprachigen e-mail wurde uns mitgeteilt, daß das Foto in den 40er Jahren entstanden sei, und daß es uns ja sicherlich interessieren würde.

Neugierig geworden, schrieben wir zurück, wer denn die Menschen auf dem Foto, zwei elegante Damen in langen Kleidern und ein Baby, wären. Und ob wir noch weitere Informationen zu der Geschichte unseres Schiffes erhalten könnten.

Unser geheimnisvoller Informant schrieb ebenso geheimnisvoll zurück, daß er uns leider keine Auskunft geben könne, er aber nun wiederum jemanden kenne, der mehr wisse, aber erst gefragt werden müsse, ob er dazu bereit sei, etwas zu erzählen.

Donnerwetter, ein Krimi - da blieben wir am Ball.

Einige Wochen später erreichte uns ein dicker Briefumschlag, frankiert in England, Willow Wrens Heimat. Darin enthalten noch mehr alte Fotos von Willow Wren und ein mehrseitiger handgeschriebener Brief, der eine große Lücke in der Historie von Willow Wren schließen sollte.

Parallel dazu eine weitere aufklärende e-mail: Die Urenkel des geheimnisvollen Voreigners hatten unsere Homepage entdeckt und wollten ihren mittlerweile 87jährigen Opa mit einem Segeltörn auf Willow Wren auf der Ostsee überraschen. Sie waren aber nicht sicher, ob er auf diese Art und Weise in seine Vergangenheit eintauchen wollte.

Lange Rede, kurzer Sinn – es baute sich rasch ein umfangreicher Briefwechsel auf, dessen Ergebnis war, daß eine zwölfköpfige englische Großfamilie nach Deutschland angereist kam, um das erste Mal in ihrem Leben mit Willow Wren zu segeln ...
Der 87jährige Herr, in dessen Familienbesitz Willow Wren von 1930 bis 1947 gewesen war, kannte sie nur als Hausboot, wohl „yachtlike" erhalten, aber im ersten Weltkrieg ihres Bleiballastes und ihrer Kupferbeplankung beraubt. Da die Mittel damals fehlten, sie wieder zum Segeln zu bringen, wurde Willow Wren von der Familie als schwimmendes Feriendomizil genutzt, nach dem zweiten Weltkrieg sogar als Wohnsitz. Umso größer war die Aufregung, als der erste Segeltag in der Flensburger Förde anstand.
Die Engländer, größtenteils Segler, waren angetan von der Tatsache, daß man einfach nach dem Frühstück lossegeln konnte. Ein Leben ohne Tide – unglaublich!
Das Bedienen der Segel und das Rudergehen übernahmen nach kurzer Zeit und ohne große Mühe die Ältesten: Der 87jährige Voreigner und seine agile Cousine, stolze 86 Jahre alt, beide Segler von Kindesbeinen an. Jeder Handgriff saß.
Schon nach dem ersten Tag war klar, daß die beiden gar nicht in den von den Kindern gebuchten komfortablen Hotelzimmern

schlafen wollten, sondern die schmalen Schiffskojen von Willow Wren vorzogen und den Erinnerungen ihrer eigenen Kindheit nachgehen wollten. Kurzerhand wurde entschieden, daß zwei jüngere Familienmitglieder im Hotel übernachten müssen.

Und auch das Baby auf dem Schwarzweißfoto von 1947 war mit an Bord, eine der mittlerweile erwachsenen Töchter des alten Herrn ...

So wurden einige Jahre von Willow Wrens langer Vergangenheit mit lebendigen Geschichten gefüllt, und gleichzeitig ein langes Schiffsleben um weitere Anekdoten bereichert.

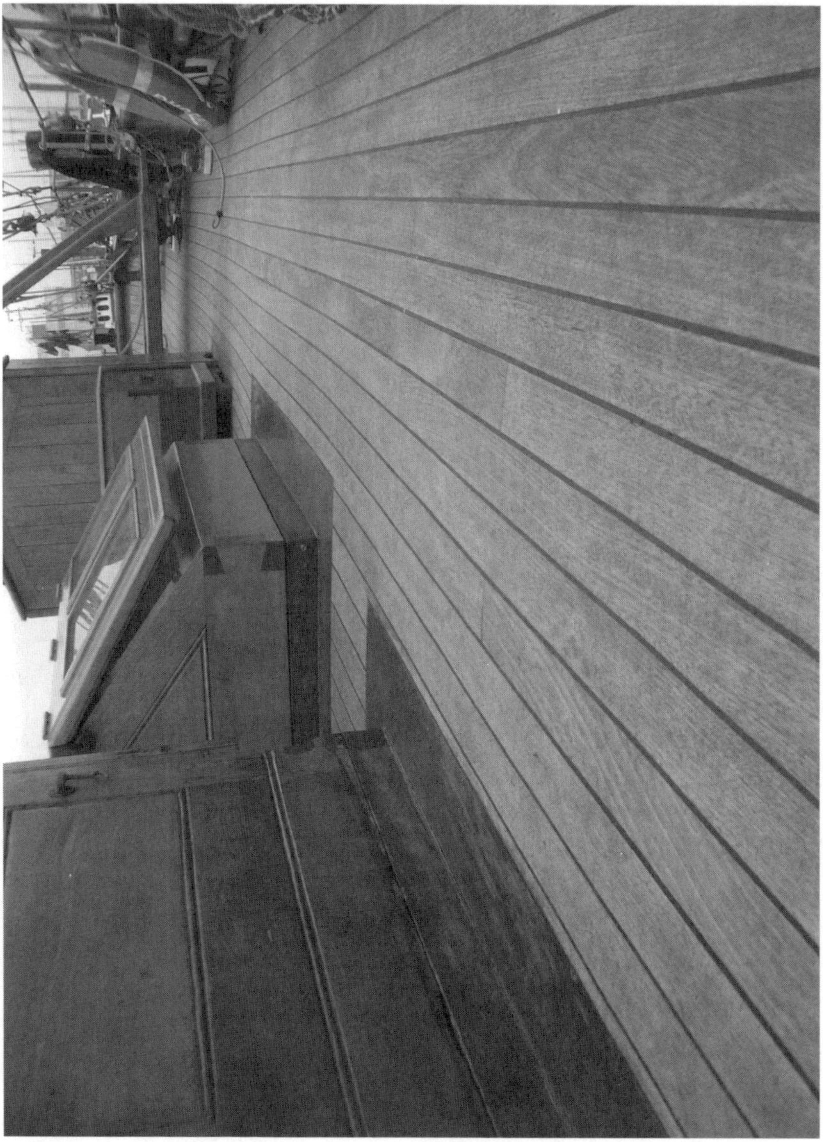

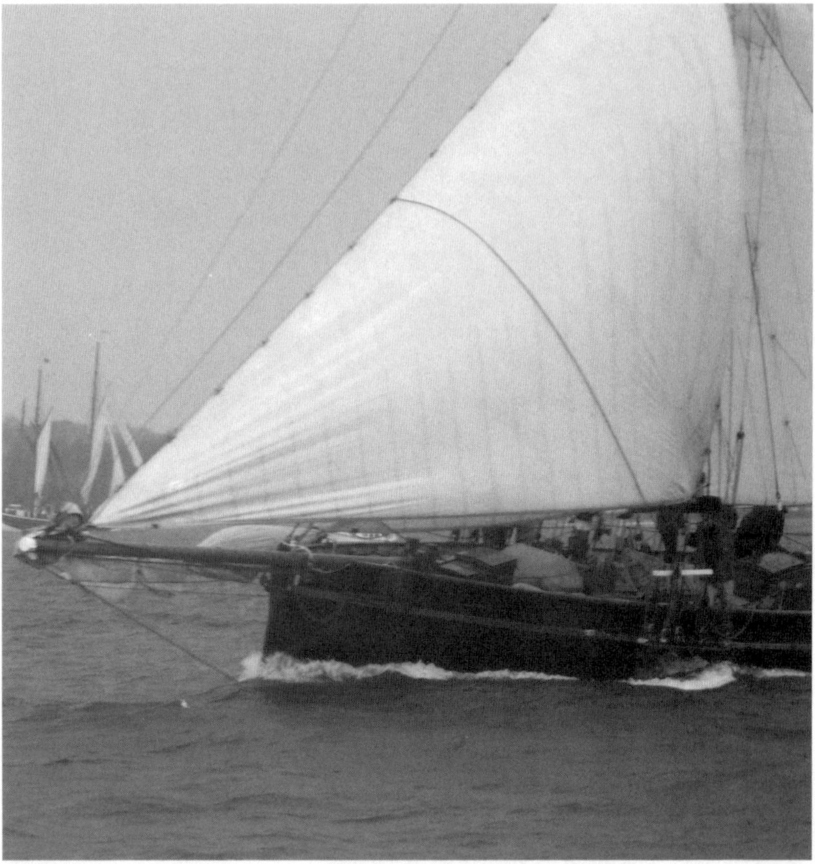

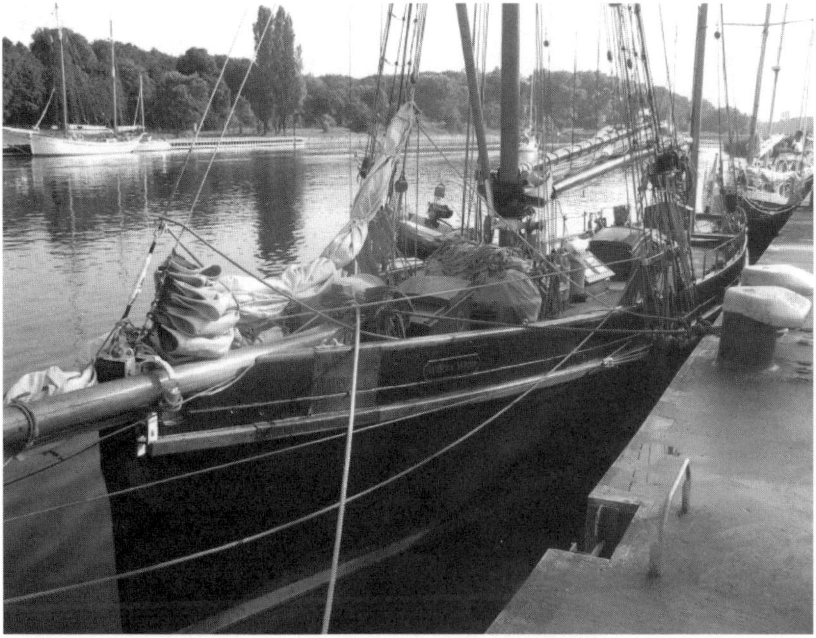

# ROLAND VON BREMEN

länge über alles: 18,28 m

breite: 4,10 m

tiefgang: 2,70 m

segelfläche am wind: 145 qm

baujahr: 1936

bauort: burmester, bremen , deutschland

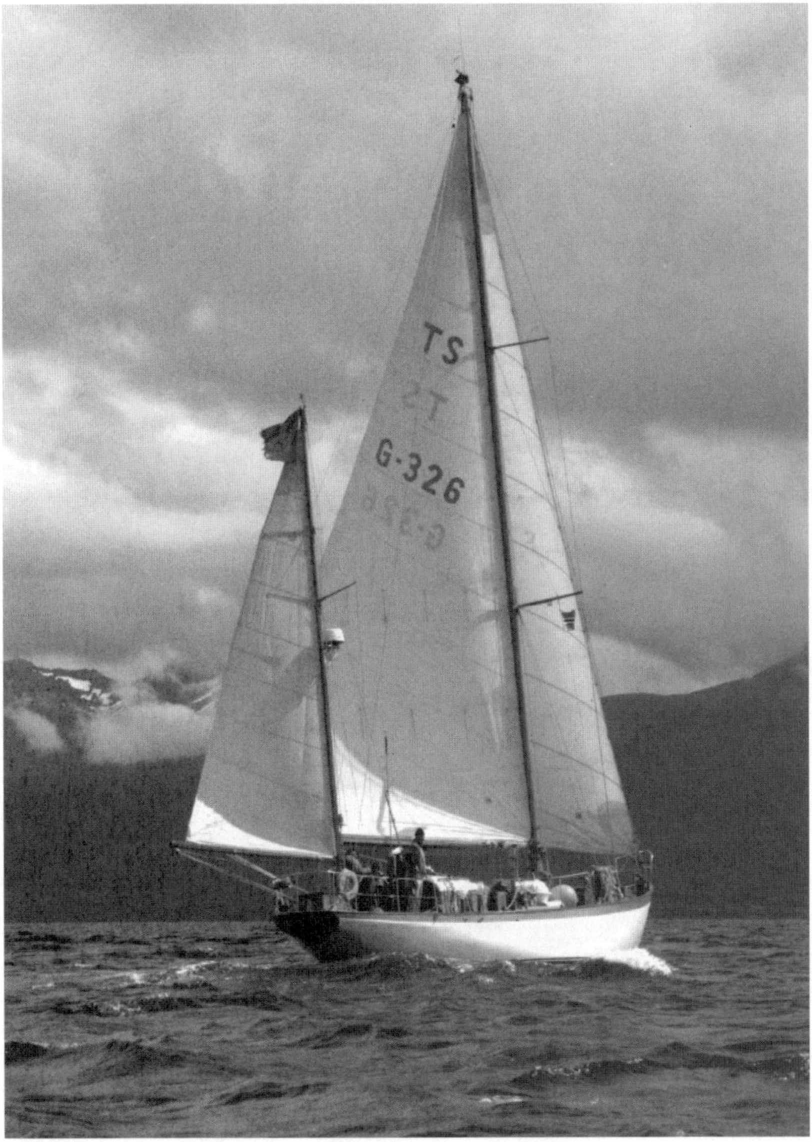
TS
G-326

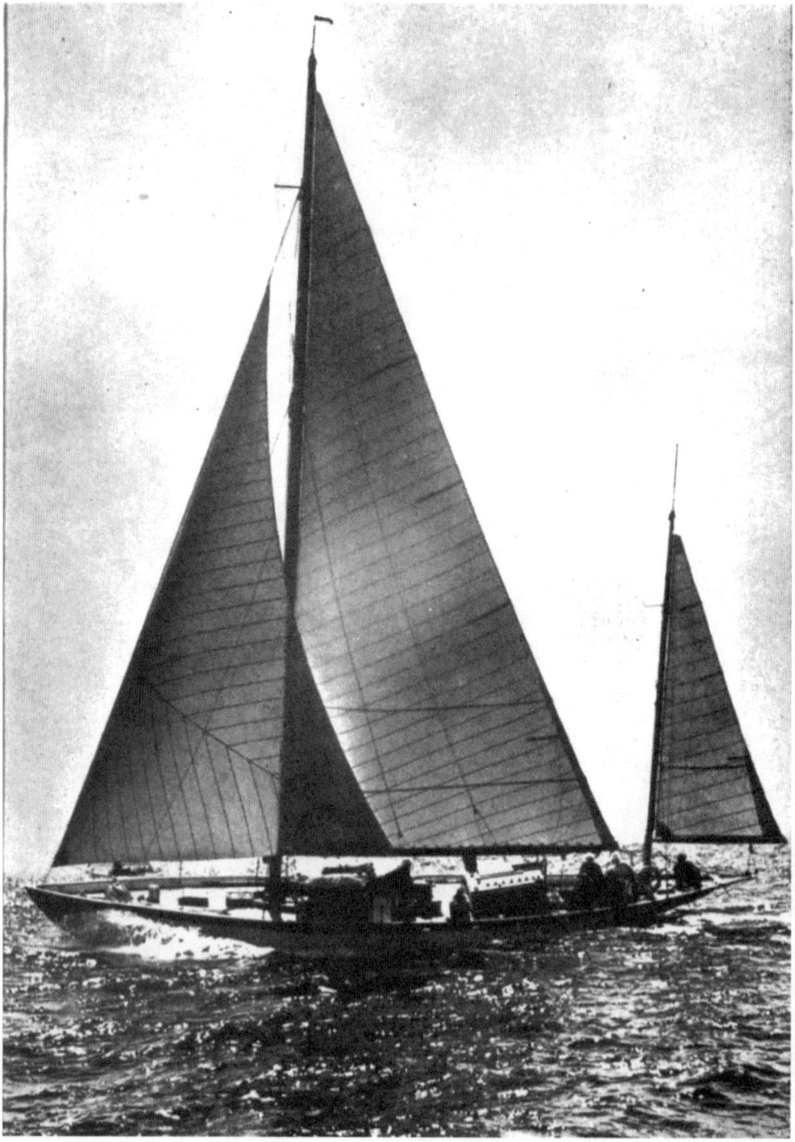

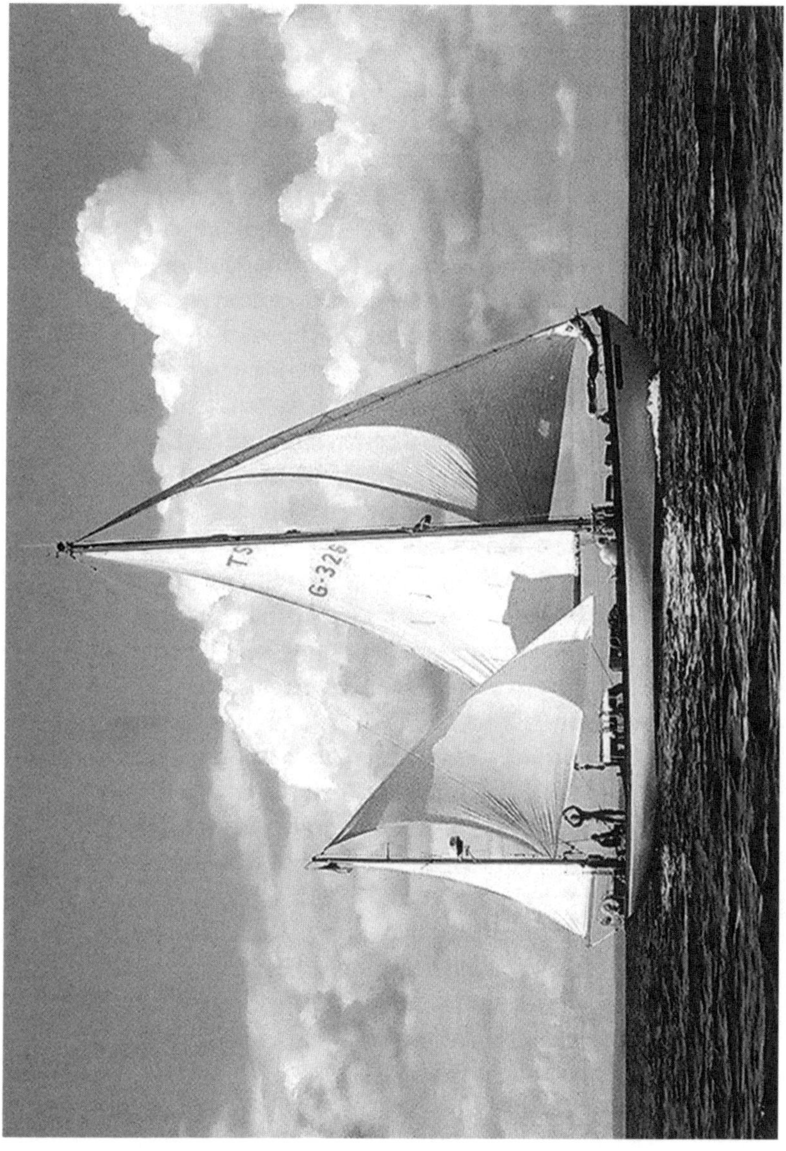
TS
G-326

Am 20. April 1936 lief die Ozean-Kreuzeryacht Roland von Bremen bei Burmester in Bremen vom Stapel. Wie alles in dieser Zeit, war auch das Datum des Stapellaufs Teil der Inszenierung. Nazi-Deutschland wollte nun auch im Hochsee-Segelsport siegreich glänzen, besonders im Jahr der Olympiade von Berlin. Eine internationale Atlantik-Regatta Bermuda-Cuxhaven war geplant und eine Bremer Yacht sollte dabeisein, sollte siegen. Henry Gruber aus Flensburg war Burmesters Konstrukteur. Er hatte in den frühen dreißiger Jahren bei Sterling Burgess gearbeitet und bei der Konstruktion der berühmten America's-Cup Yachten Rainbow und Enterprise mitgewirkt. Schon im Jahr 1935 saß Dr. Franz Perlia von der Segelkameradschaft „Wappen von Bremen" nächtelang mit Gruber zusammen und die beiden tüftelten aus, wie das ideale Boot für diese Regatta beschaffen sein müßte. „Aufgrund der Erwartung, daß die Atlantik-Regatta größtenteils raumschots gesegelt werden würde", sagte Gruber später, „wurde das Unterwasserschiff, besonders was Schwerpunktslagen anbetrifft, abweichend von meinen bisherigen Daten konstruiert. Das ist auch im Vorschiff durch das völlige Überwasserschiff ersichtlich". Daß mit dieser Spezialisierung auch Nachteile verbunden waren, davon später.

Klaus auf dem Garten berichtet in seinem Buch über die Burmester Werft sehr anschaulich über Rivalität und Vereinshickhack zwischen den beiden ersten Bremer Segelclubs, die dem Bau vorangingen. Auch die Finanzierung des Vorhabens war nicht einfach, denn es mußten schließlich sechzigtausend Reichsmark beschafft werden. Das entsprach damals etwa vierunddreissig Durchschnitts-jahreslöhnen. In einer fast an Nötigung grenzenden Weise wurden die Bremer Kaufleute und Industrierepräsentanten zur Kasse gebeten, sodass am 22. Februar 1936 die Kiellegung und keine zwei Monate später bereits der Stapellauf erfolgen konnte. Freilich war die Yacht noch längst nicht in allen Teilen fertig, als der Dampfer Anhalt sie und die alte Aschanti über den Atlantik nach Boston transportierte. Buchstäblich bis zur letzten Minute arbeitete die Mannschaft an dem Schiff.

Dann kommt die Feuertaufe: die Bermuda-Regatta von Newport nach Hamilton auf den Bermudas. Schon am zweiten Tag geraten die fünfzig Yachten in schweren Sturm und nur zwölf kommen ohne ernste Havarie im Ziel an. Roland von Bremen schlägt sich tapfer in der stürmischen See, die vom Golfstrom besonders steil aufgetürmt wird. Einmal verliert ein Mann beim Auskleiden die Balance, reißt den Messetisch aus seiner Ver-

ankerung und alles kracht auf den unglücklichen Smut, der am Bein schwer verletzt wird. Doch die Yacht selbst erreicht ohne besondere Schäden das Ziel als erste deutsche Yacht und 8. Boot in der Gesamtwertung. Die wenigen amerikanischen Yachten jedoch, die für das folgende Atlantik-Rennen ihre Teilnahme zugesagt hatten, sind so schwer beschädigt, daß sie ihre Meldung zurückziehen müssen.
So sind am 4. Juli 1936 nur neun Yachten am Start des großen Rennens, darunter sieben deutsche; Peter von Danzig, das Schwesterschiff von Roland von Bremen aus der Freien Stadt Danzig, zählt damals als Ausländer. Das neunte Boot war die holländische Yacht Zeearand. Also keine sehr internationale Beteiligung, denn Briten und Amerikaner beginnen bereits Nazi-Deutschland zu boykottieren.
In den ersten Tagen liegen die Boote noch dicht beisammen und am vierten Tag liegt Roland von Bremen an fünfter Stelle. Doch dann kommt schwerer Sturm auf. Am 15. Juli berichtet das Schiffstagebuch des Skippers Dr. Franz Perlia: „Glas sackt, daß bald der Boden herausfällt... Um fünf Uhr werden die Böen am stärksten... Glas sackt weiter auf 744 <mm Hg>, hat um zehn Uhr den tiefsten Stand erreicht und beginnt schnell zu steigen. Nun wird's dicke werden... 12.30 Uhr wird Besan geborgen, um

sechzehn Uhr auch der Sturmklüver... Windstärke zehn, elf oder mehr, nicht zu schätzen. Um 18.30 steht eine gewaltige See. Wie die Wellen heranrollen, erkennt man, daß die vordersten Gipfel noch nicht der höchste Teil dieser Berge sind. Nach Luv kaum Ausguck durch die mit Gewalt in die schmerzenden Augen schlagende Gischt. Auch von Lee werden Wassermassen emporgeschleudert". Aber: „Das Schiff hebt sich wie eine Ente, nur die brechenden Kämme stürzen über Deck. Segeln mit sieben bis neun Strich quer zur See mit sechs bis sechseinhalb Seemeilen. Unglaublich. Erstaunlich, wie relativ wenig man unten von der Musik oben hört. Wenn wir in den mächtigen Wellentälern liegen, wird das Getöse im Rigg ruhiger, um auf dem Kamm umso stärker anzuschwellen. Keinen Augenblick Sorge um Verbände und Aufbauten."
Roland erringt sich in den Sturmtagen einen Vorsprung von zweihundertfünfzig, beziehungsweise dreihundert Seemeilen vor den beiden nächsten Booten (Brema und Aschanti). Als am 21. Juli das Feuer von Bishop's Rock in Sicht kommt, liegt Brema als zweite Yacht dreihundertvierzig Seemeilen zurück. Am 25. Juli 1936 um zwanzig Uhr übersegelt Roland von Bremen nach einundzwanzig Tagen und drei Stunden die Ziellinie bei Feuerschiff Elbe – dreiunddreissig Stunden vor der zweiten Yacht,

Brema.
Es mag ein glücklicher Umstand gewesen sein, daß der Amerikaner Sherman Hoyt mit an Bord des Roland war. Er war ein sehr erfahrener Hochsee-Regattasegler und hatte schon sechsmal den Atlantik überquert. In seinen Tagebuchnotizen (zitiert nach Uffa Fox's „Sail and Power") ist er des Lobes voll für die Yacht und ihre Segeleigenschaften, kritisiert aber herb die Qualität des Essens („unbelievably poor") und die Besessenheit der Mannschaft ja nicht vom Großkreiskurs abzuweichen, egal ob beim aktuellen Wind eine leichte Kursabweichung wesentlich mehr Fahrt gebracht hätte („compass course crazy from skipper down").
Im Folgejahr war Roland von Bremen dagegen weniger glücklich: weit abgeschlagen im renommierten Fastnet-Race und auch sonst kaum ein vorderer Platz, siegreich nur auf dem Rennen der Jade-Woche. Zum ersten Mal zeigen sich die Nachteile von Henry Grubers Konzept, eine Yacht speziell für raume Winde zu entwerfen, denn wie jeder weiß, kommt der Wind leider auch oft vorlich. Am-Wind-Kurse aber sind nicht Rolands Stärke, besonders bei rauher See. Darum wurde er schon 1938 von der Segelkameradschaft wieder verkauft, ein neues Boot sollte den Namen übernehmen und das künftige Flaggschiff des Clubs sein. Käufer war der Berliner Segler Berson, der als Jude

in die USA emigrieren mußte. Die Übergabe sollte in New York erfolgen, weshalb Roland von Bremen unter Hanns von Lottner – er nahm als Navigator bereits an der ersten Atlantik-Überquerung teil – nun erneut über den großen Teich segelte, diesmal von Ost nach West. Auch so kurz vor Ausbruch des 2. Weltkriegs ist die Besatzung noch international, diesmal segelt der Engländer Kenneth Pattisson mit, und von Lottner beschreibt diese Überquerung (in 26 Tagen von den Scillies bis Nantucket) sehr lebendig in der YACHT (Heft 27, 1938). Er schließt seinen Bericht wie folgt: „Wir werden niemals wieder, glauben wir alle an Bord, ein so fantastisches Schiff bekommen... es sieht genauso aus wie beim Verlassen Bremens... Besatzung über alles Lob erhaben. Wenn jeder Ozeansegler nur eine halb so gute Besatzung hat, dann kann er sich freuen". Von Lottner segelt in den USA noch mit Roland von Bremen als einziger deutschen Yacht das New Bedford Whaler's Race (dritter Platz) und die 1938 Bermuda Regatta (sechster Platz in Klasse B, aber schnellster Ausländer), bevor er nach Deutschland zurückkehrt.

Roland von Bremen heißt ab jetzt Condor und bekommt einen Klüverbaum, um mehr Vorsegelfläche tragen zu können. Unter einem neuen Eigner, L.W.McFarland, nimmt die Yacht noch 1940 an mehreren größeren

Regatten teil und soll nach Eintritt der USA in den Zweiten Weltkrieg in grauem Tarnanstrich bei der US Coast Guard als Patrouillenboot gedient haben. Genaueres ist nicht bekannt, die graue Farbe wird jedoch in einem Brief des nächsten Eigners erwähnt, beziehungsweise deren mühselige Entfernung.

Es mag verwundern, daß ich von dem Roland spreche, denn Schiffe sind meist weiblichen Geschlechts und das ist auch gut so, denn wir wollen sie ja lieben. Roland von Bremen aber ist maskulin, ebenso wie sein Schwesterschiff Peter von Danzig, das bestätigen alle alten und neuen Skipper einmütig. Wer einmal mit Roland gesegelt ist, besonders bei schwerem Wetter, der weiß warum. Er ist ein Freund, auf den man sich immer verlassen kann.

1945 wird die Yacht von Paul Liskey aus Miami erworben und nach Florida verlegt, aber er kann sich das Schiff nicht lange leisten. Der Bauunternehmer William Trepte aus San Diego, Kalifornien, – er hatte schon einmal eine Burmesteryacht besessen – will die Yacht für die erste Nachkriegs-Hawaii-Regatta erwerben. Man kommt überein, daß Condor von Paul Liskey selbst an die Westküste überführt wird, eine lange Reise über Key West - Havanna - Great Kaiman - den Panamakanal und dann entlang der mexikanischen Küste des Pazifiks hinauf nach San Diego. Die Yacht ist jetzt bereits mit einer Maschine ausgerüstet, ein Gray Benzinmotor, der allerdings häufig Probleme macht; einmal muß er sogar auf hoher See zerlegt und die Ventile neu eingeschliffen werden.

Shirley Liskey, des Skippers Frau, beschreibt diese denkwürdige Reise in einem wunderbaren Bericht im Magazin RUDDER. Die damals unbewohnten Cocos Islands müssen ein wahres Paradies gewesen sein. Man jagt Wildschweine und Schildkröten, um so den sonst sehr kärglichen Speisezettel (oft nur ‚baked beans' aus Dosen) aufzubessern. Acapulco und Manzanillo werden angelaufen; das waren damals noch verträumte Küstenstädtchen, in denen sich kaum ein Gringo blicken ließ. Sogar die Beschaffung von Benzin stieß gelegentlich auf Schwierigkeiten. Obwohl häufig von Flauten heimgesucht – die kleine Maschine wurde wohl deshalb überfordert – weht es von Zeit zu Zeit kräftig und die See steht hoch. „The waves were from ten to fifteen feet high, and when the granddaddy of them all came along it really caused a calamity. I was at the wheel for my morning watch and the boys were having breakfast. The tremendous force against the rudder took the wheel completely out of my hands, and simultaneously a racket arose from below that made me sure the bottom had fallen off.

The way I heard it, Ramsey had been bracing himself with his feet on the high bunk, and when the wave hit he flew into the air, slid across the table and landed in the lee bunk besides Paul, everything on the table going with him. It was not the braking of the rest of our dishes that I minded so much, but all I got to eat that morning was a can of vegetable soup."– Nach zweieinhalb Monaten erreichen die fünf Segler schließlich am 29. Mai 1946 ihr Ziel in San Diego, wo sie sehnlich erwartet werden.

Mr. Gene Trepte, der Sohn des Käufers (damals zwanzig Jahre alt) erzählt, daß Condor als erstes ihren alten Namen Roland von Bremen zurückerhielt. Dann wurde das ursprüngliche Rigg wiederhergestellt. Trotzdem verliefen die ersten Regatten wenig zufriedenstellend (Am-Wind-Kurse, siehe oben) und William Trepte suchte sich ein anderes Schiff für das große Hawaii-Rennen. Der neue Eigner, Howard Keck, war ein reicher Ölmagnat und glaubte, daß die Deutschen das Boot ein wenig zu schnell zusammengeschustert und dabei wohl auch am Material gespart hätten. So ließ er 1947 die Yacht in den Wilmington Boat Works in San Pedro vollständig zerlegen und nach dem alten Riss aus bestem neuen Material neu aufbauen. Roland erhielt u.a. auch ein neues, im Vergleich zum ursprünglichen höheres, Deckshaus sowie einen offenen Kamin im Salon. Keck soll für das ganze Unterfangen die stolze Summe von 150.000 Dollars aufgebracht haben.

Nach diesen Jahren voll Wechsel und Neuerungen kommt nun eine ruhige, ja untätige Zeit. Roland von Bremen liegt in Newport Beach an der Pier, ein festangestellter Skipper lebt auf ihm, gesegelt wird aber höchst selten. Schließlich sagt Vater Keck zu seinem Sohn: „Your job is in the oil business, sell this boat". Roland von Bremen wird abermals verkauft an Herald E. Williams vom San Diego Yacht Club (1960). Er hat Regatta-Ambitionen, denn wieder steht ein Hawaii-Rennen bevor. Williams rechnet mit Starkwind, er will die Segelfläche verringern und dadurch eine günstigere Vermessung erreichen. Der Besanmast wird entfernt und – noch schlimmer – auch die obersten fünfzehn Fuß des Großmastes werden gekappt. So geht Roland im August 1961 als untertakelte Slup ins Rennen. Zum ersten Mal überquert er den Pazifik, die erwarteten Starkwinde bleiben jedoch aus und Williams muß seinen Frevel bereuen. Immerhin erreicht Roland von Bremen Honolulu als drittes Boot seiner Klasse und sechstes Boot der gesamten Flotte von vierzig Booten. Mit dem alten Rigg hätte er gesiegt.

Ein Jahr danach ist Herald Williams bankrott. Roland von Bremen geht über in die

Hände von William Greer, Los Angeles, der im Krieg ein Landungsboot der US Navy kommandiert hatte. Er fuhr Roland in einigen Regatten in Kalifornien, darunter auch das Los Angeles-Acapulco-Rennen 1968, in dem Roland von Bremen als erste Yacht durchs Ziel ging, aber infolge von Vermessungsabzügen nur den sechsten Platz bekam. William Greer schrieb mir: „Langsam wurde ich der Regattasegelei müde, bei der das erste Boot sich oft wegen der Vergütungen auf einem Platz weit hinten findet. Ich verlegte mich mehr und mehr aufs Fahrtensegeln. Mit meiner Familie segelte ich von Los Angeles nach San Francisco, unter Golden Gate und Bay Bridge hindurch, schließlich den San Jaoquin River hinauf bis Stockton. Unser schönster Törn war aber der nach Hawaii 1968. Mit meiner Frau, meinen beiden Söhnen und beiden Töchtern, sowie drei weiteren jungen Freunden unserer Kinder sahen wir zwei Wochen lang nur offene See, die Kinder witzelten schon:„Wir werden wohl in Tahiti landen oder gar in Australien." Aber als wir mit nur drei Grad Kurskorrektur den Molokai Channel zwischen den Inseln Molokai und Oahu ansteuern konnten, war ich doch ein wenig stolz. Die Navigation damals beruhte ja ausschließlich auf Sextant und Chronometer, GPS-Navigation konnte man sich nicht in der wildesten Phantasie vorstellen."

Unter William Greer wurde der Besanmast wieder gesetzt, der Großmast aber blieb kurz. Der alte Gray Benzinmotor wurde gegen einen General Motors Zweitaktdiesel ausgetauscht (im notariellen Verkaufsdokument von 1970 wird das Schiff deshalb als „oil screw" bezeichnet). Diese Maschine hielt dann immerhin bis 1994 und ich selbst kann mich noch gut an sie erinnern. William Greer entfernte auch das Schott, das bis dahin die Kombüse vollkommen vom Salon abgetrennt hatte. Dadurch entstand mehr Raum im Salon und noch heute kann die Crew erwartungsvoll und durch wundersame Düfte angeregt, die Handlungen des Smuts verfolgen. Als William Greers Söhne dann ins College kamen und nur mehr kurze Törns vor Santa Monica möglich waren, war Roland von Bremen ein zu großes Schiff für solche Unternehmungen. William Greer schreibt, daß er die Yacht an zwei Deutsche verkauft habe. „I don't recall their name – I guess I didn't want to remember anything about this sad moment when I was losing such a wonderful part of my life". Er schickte mir aber einen deutschen Zeitungsausschnitt, den er später erhalten hatte.

Lange waren dieser Zeitungsausschnitt und eine Eintragung im Goldenen Buch von Helgoland die einzigen Dokumente, die von der abenteuerlichen Rückkehr des Roland Zeugnis gaben. Dort steht, Fred und Erwin

Schröder seien am 11. April 1971 in San Francisco in See gestochen und hätten am 21. August 1972 in Helgoland als erstem deutschen Hafen angelegt. Die Zeitung berichtet, daß sie dreihundertzehn Tage auf See gewesen seien und fünfundvierzig Häfen in fünfzehn Ländern angelaufen hätten. Später erhielt ich eine Kopie des Kaufvertrags, in dem eine Anselma Schröder als Käuferin eingetragen ist, und tatsächlich konnte ich mit Hilfe des seltenen Vornamens die Dame als in Kiel ansässig ausfindig machen. Sie ist inzwischen 79 Jahre alt, ihr Ehemann Erwin Schröder ist schon bald nach der Rückkehr nach Deutschland verstorben und auch dessen Stiefvater Fred lebt nicht mehr. Frau Anselma Schröder hat mit ihren Kindern den ersten Teil der Reise bis in die Karibik mitgemacht, aber dann hatte sie „von den Abenteuern genug" und ist mit den Kindern nach Deutschland geflogen. Fred und Erwin Schröder dagegen hätten sicher so manches Seemannsgarn spinnen können. Roland von Bremen lag dann lange in Kiel zum Verkauf, bis ihn 1974 die Segelschule Allendorf als Tourenschiff erwarb. Klaus und Erika Allendorf (heute 80 und 72 Jahre alt) berichten: „Das Schiff war in recht heruntergekommenem Zustand und wir mußten erst einmal eine große Menge Müll abtransportieren, neue Polster nähen und auch am Boot sehr viel reparieren. Überdies legte der

Zoll die Yacht an die Kette, weil kein Einfuhrzoll bezahlt worden war. Es dauerte eine ganze Weile bis endlich geklärt werden konnte, daß das Boot als Umzugsgut nicht zollpflichtig war. Der Schwede Sven Wärmé, Segellehrer bei Allendorf, übernahm das Boot bereits ein Jahr später und segelte mit seiner Frau Jutta manchen Törn in der Ostsee. Er besuchte das Boot vor zwei Jahren und erzählte uns, wie vor Gotland der Großmast nach einem Bruch des Achterstags über Bord ging. Seitdem führt die Yacht doppelte Achterstage.

1979 kaufte Peter Krallmann aus Gelsenkirchen Roland von Bremen und wurde damit der zwölfte oder dreizehnte Eigner (ob die US Coast Guard Eigner war ist ja noch nicht belegt). Mitten im Winter bei Sturm und Schneegestöber überführte er die Yacht nach Holland ins Ijsselmeer, wo sie bis 1986 in Lemmer lag und regelmäßig auf Charterfahrt ging. 1986 wurde Roland nach Kiel zurückverlegt wegen der vielfältigeren Tourenmöglichkeiten in der Ostsee.

Damals lernten ich und die anderen heutigen Eigner die Yacht kennen und lieben. Praktisch jedes Jahr trafen wir uns zu einem Törn in die Ost- oder Nordsee, die längste Reise ging 1998 bis Vigo in Spanien mit vier Mannschaften. Wir segelten damals von Arcachon durch die Biskaya und über die Bretagne und die englische Kanalküste bis Scheveningen in Holland. Wir waren mit dem Roland in England, Schweden, Norwegen, Finnland, Litauen und Polen und natürlich ungezählte Male in Dänemark. Jedesmal wenn so ein Törn dem Ende zu ging und wir abends zusammensaßen, wurden Pläne geschmiedet, wie wir den Roland kapern könnten. „Sollen wir einen Schiffsverlust vortäuschen? Oder einfach in die Karibik abhauen unter neuem Namen und anderem Anstrich?" Im Jahr 2001 war dann tatsächlich ein legaler Erwerb möglich und die „Roländer" legten zusammen. Es war knapp, aber es reichte. Die neuen Eigner haben sich zu einer Gesellschaft bürgerlichen Rechts zusammengeschlossen mit dem Ziel, die Yacht als Traditionsschiff zu restaurieren und als Fahrtenyacht zu nutzen. Jeder Euro der durch diese Nutzung eingenommen wird, kommt dem Schiff zugute und auch die Eigner zahlen bei jeder Fahrt ihren Beitrag. Wir organisieren Kettentörns mit befreundeten Mannschaften und jeden Sommer ist Roland von Bremen viele Wochen auf Fahrt. Im Sommer 2003 rundete er die Tonne Törrehamn, den nördlichsten Punkt der Ostsee nahe Haparanda. 2006 geht es hinauf zu den Lofoten.

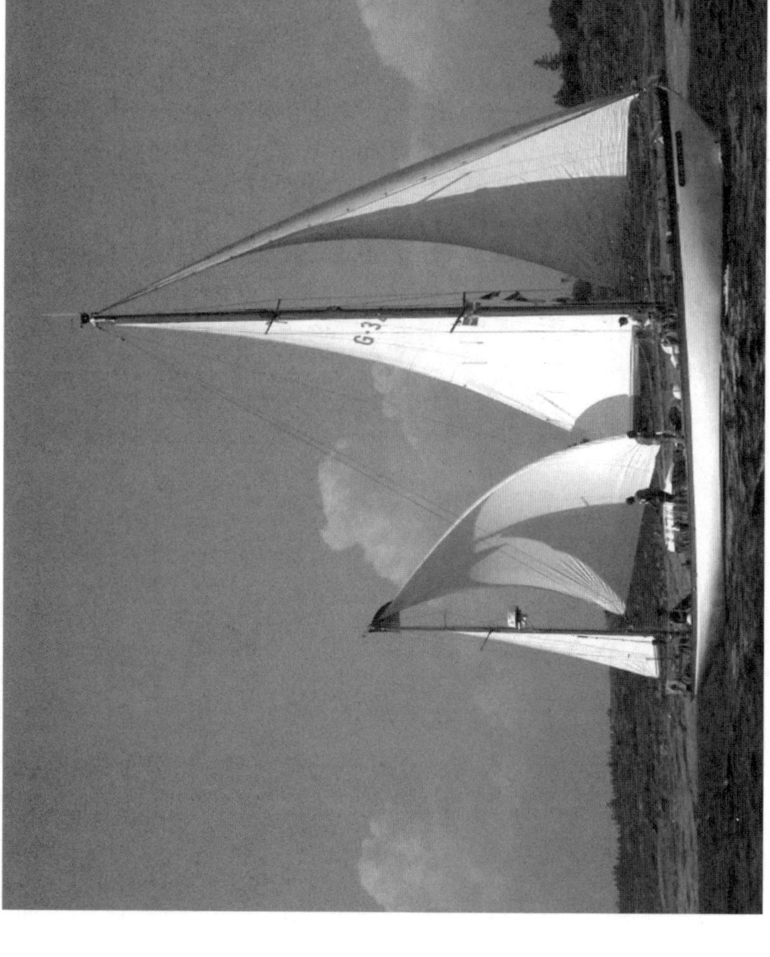

# ANITA

länge über alles: 21,57 m

länge über deck: 21,57 m

breite: 3,60 m

tiefgang: 2,73 m

segelfläche am wind: 156 qm

baujahr: 1938

bauort: bremen/ lemwerder, abeking& rasmussen, baunummer 3241

schiffsart: 12 mR

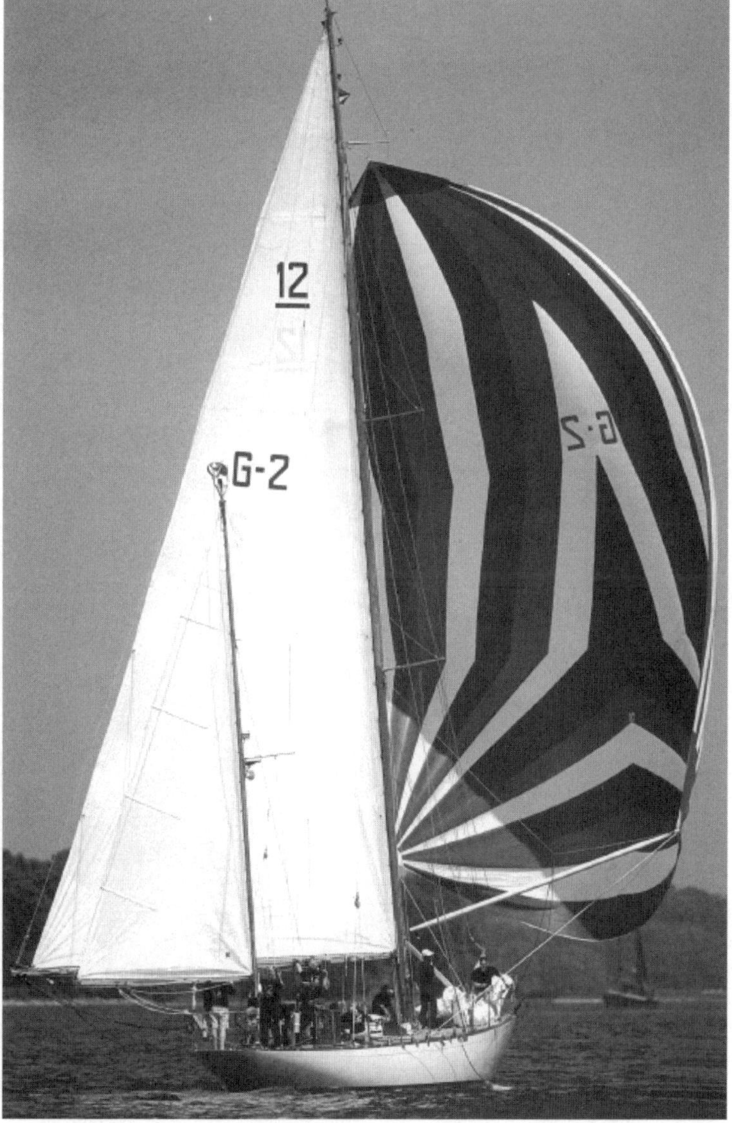
12
G-2
G-2

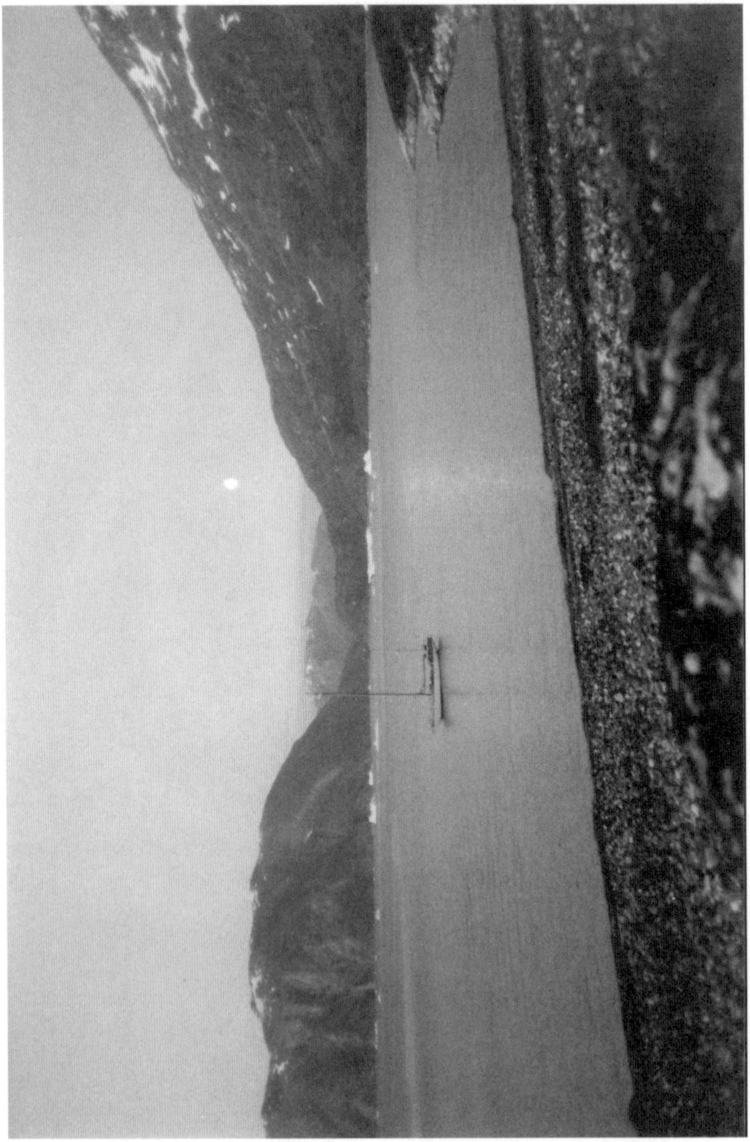

125

Was haben wir schon alles miteinander erlebt, ANITA und ich. Unsere Freundschaft begann vor nahezu dreißig Jahren, während meines ersten Törns. Im Laufe der Zeit folgten viele, und an jede Reise kann ich mich noch sehr gut erinnern. Denn ANITA schenkt Erlebnisse, die bleiben. Für mich gehört sie zu dem Typus Schiff, dem man entweder mit Haut und Haaren verfällt oder das man nur einmal segelt und dann nie wieder.

ANITA ist eine 12 mR-Traditionsyacht, von Seglern liebevoll „Zwölfer" genannt. Einst wurden mit solchen Schiffen die Wettfahrten um den America's Cup ausgetragen. Mittlerweile ist sie eine alte Dame, ohne Chance, eine solche Regatta gewinnen zu können.

Im Jahre 1937 brach das „Zwölferfieber" aus. Walter Rau, Besitzer der Margarinefabrik gleichen Namens, und sein Freund, John T. Essberger, Chef einer Reederei, ließen sich von der bekannten Werft Abeking und Rasmussen in Lemwerder bei Bremen jeder eine 12 mR-Yacht bauen: Mahagoniplanken auf Stahlspanten, das Deck aus Oregonpine, Mast und Baum aus Spruce (amerikanische Fichtenart). Diese Zwölfer wurden auf die Namen ANITA und INGA getauft. Gleichzeitig baute sich Henry Burmeester auf seiner Werft den

Zwölfer ASHANTI.
Im Frühsommer 1938 gingen die beiden Yachten von A&R zu Wasser, gerade rechtzeitig, um an der KielerWoche teilzunehmen. ANITA (Baunummer 3241) bekam die Segelnummer 12 G 2 und INGA (Baunummer 3242) die Segelnummer 12 G 1. Da keines der beiden Schiffe - wie in diesen Jahren üblich - eine Maschine hatte, wurde ein Motorboot von 3.60 Metern als Schlepphilfe mitgeliefert. Zeitzeuge Jimmy Rasmussen berichtete, daß ANITA während der Kieler Woche gegen INGA und den englischen Zwölfer BLUE MARLIN antrat. Der englische Segler sei wie eine Jolle um die Bojen gegangen, während die unerfahrenen Crews der beiden deutschen Zwölfer mit killenden Segeln auf verlorenem Posten gekämpft hätten. Das hatte sich bereits ein Jahr später, zur Kieler Woche 1939, geändert. Die SPHINX, ein weiterer Zwölfer von A&R, der dem Norddeutschen Regattaverein gehörte, war Siegerin sämtlicher Wettfahrten. ANITA, INGA und ASHANTI belegten die Plätze zwei, drei und vier. Während des Sommers 1939 nahmen die deutschen Zwölfer an einer Regattaserie vor Kopenhagen teil. Mit Ausbruch des zweiten Weltkriegs fanden die Segelaktivitäten ein jähes Ende. ANITA wurde bei A&R

hoch und trocken gelegt und wartete auf bessere Zeiten. Nach dem Krieg wurden INGA und SPHINX in OSTWIND und WESTWIND umbenannt und dienten bis zum vergangenen Jahr der Bundesmarine zur Segelausbildung des Offiziersnachwuchses. ASHANTI verbrannte bei einem großen Feuer auf der Burmeester-Werft. ANITA wurde nur noch ein einziges Mal in Kiel gesegelt. Im Jahr 1951 wurde sie zur Yawl umgeriggt mit einem zusätzlichen Besanmast hinter dem Ruderstand. Von ihrem Charme hat sie dadurch nichts eingebüßt. Noch immer bestechen die herrlichen Linien ihres Mahagonibaues. Gleichzeitig wurde sie zum Fahrtenschiff umgerüstet (Verdrängung 26 Tonnen, 21,57 Meter Länge über Alles bei 3,60 Metern Breite, ausgestattet mit zehn Kojen), machte aber trotzdem nur wenige Reisen. Das Jahr 1962 brachte für ANITA grundlegende Veränderungen. Drei Freunde, Jello Rassau (der Kommodore unserer Segelkameradschaft), Alois Kranz und August Schulte, stöberten sie aus ihrem Dornröschenschlaf auf und kauften sie vom Fleck weg. Bevor sie endgültig zu Wasser gebracht werden konnte, waren verschiedene Umbauarbeiten notwendig. Nachdem sie auf der Werft auch noch das Hochwasser von 1962 und einen Brand überstanden hatte, konnten sie die neuen Eigner übernehmen. Im Mai segelte sie rund Skagen nach Kiel. Auch wenn sie bis 1965 überwiegend für Familientörns genutzt wurde, kamen während der ersten vier Jahre doch 14.000 Seemeilen zusammen. 1965 begann eine neue Ära. Die Segelkameradschaft Ostsee, SKO (gegründet 1961), die ANITA bisher gechartert hatte, kaufte sie mit Hilfe einiger großzügiger Zuwendungen von Freunden. Die Segelkameradschaft hatte sich zum Ziel gesetzt, ihren Mitgliedern außergewöhnliche Segelreisen zu ermöglichen, in traditioneller und dadurch der schönsten Weise - ohne Maschine. Nun stieg die Anzahl der Reisen und der gesegelten Meilen sprunghaft an. 1970 überquerte ANITA den Polarkreis während eines Törns von Skipper Peter Eider, der von Travemünde rund Island zurück nach Travemünde führte. Derlei außergewöhnliche Ziele gehörten bald zu den normalen Törnplanungen. Die Entfernungen wurden immer weiter. Rund England, zum Nordkap, nach Nordafrika, Madeira und zu den Azoren. Später kamen Spitzbergen, Jan Mayen und die Bäreninsel dazu. Deshalb wurde ANITA 1972 in das Schiffsregister von Lübeck eingetragen und erhielt das internationale Unterscheidungszeichen

**DJWB.**
Die für mich bisher beeindruckendste Leistung war 1992 die „große Atlantikrundreise". Der Plan, daß ANITA über den Atlantik gehen sollte, spukte viele Jahre in den Köpfen verschiedener Skipper der Segelkameradschaft. Schließlich war das Kolumbusjahr Anlaß genug, den langgehegten Wunsch, mit ANITA „über den großen Teich" zu segeln, in die Tat umzusetzen. Sie sollte dabei sein, wenn die Welt die Entdeckung Amerikas feierte. Bereits im Herbst 1990 wurde das Unternehmen zur beschlossenen Sache. Nach eingehender Erörterung aller sinnvollen Möglichkeiten entschieden sich die an der Törnkette beteiligten Skipper für die Route Azoren - NewYork - Labrador- Grönland - Hebriden. Damit begann die Ochsentour der Vorbereitungen. Über Winter 1991/ 1992 wurde das Kinderwagenverdeck des Cockpits durch ein Deckshaus aus Holz ersetzt. Das war notwendig geworden, weil „oben" verschiedene Geräte wie AP Navigator, Funkanlage, Radar und Anzeigen von Echolot und Sumlog installiert wurden. Dem strengsten Check wurde die Segelgarderobe der Lady unterzogen (ANITA fährt auch heute noch ohne Maschine). Dazu ungezählte Telefongespräche, Schriftwechsel mit allen möglichen

Organisationen, Verwaltungen und Behörden, um alle erforderlichen Informationen zusammentragen zu können. Außerdem wurde ein Alternativplan ausgearbeitet, der dann zum Einsatz kommen sollte, wenn es die Eislage nördlich des St.-Lorenz-Stromes erforderlich machen sollte. Der Startschuß fiel am 28. April 1992. Leinen los in Travemünde, begleitet von den besten Wünschen aller Helfer, die zurückblieben. Im Schlepp fuhr die erste Mannschaft mit Skipper Ted Palm durch den Nord-Ostsee-Kanal. Widriger Wind und üble See auf der Elbe machten ein Vorankommen nach Cuxhaven unmöglich. Die Crew nutzte den Liegetag für übriggebliebene Instandsetzungsarbeiten. Am 11. Mai erreichten sie nach 707 Seemeilen und wenig spektakulären Ereignissen den Hafen von Gosport (UK). Dort rüstete Helmut Hecher mit seiner Mannschaft ANITA für die Fahrt zu den Azoren aus. Am 14. Mai verließen sie unter Segeln Gosport und liefen durch den Solent. Im freien Wasser konnten sie Kurs Horta direkt anliegen. Nach nahezu einer Woche Rauschefahrt bei günstigen Winden legte es so heftig zu, dass ANITA beidrehen musste. Außerdem ließ sich das Ruder nur noch mit großer Kraftanstrengung bewegen. Die Welle vom Rad zur Achse saß fest. Wegen der Ruderproblematik, die mit Bordmitteln nicht zu lösen war, und auch wegen der Wetterverhältnisse, entschied Skipper Helmut Hecher nach Ponta Delgada auf der Azoreninsel Sao Miguel zu laufen, und machte dort am 28. Mai nach 1512 Seemeilen fest. So mußten Hans Köhler, der Folgeskipper, und seine Crew, in Lissabon ihre Flüge umbuchen, denn nach Plan sollte ANITA in Horta liegen. Die Suche nach geeigneten Plätzen für die Erledigung der notwendigen Reparaturen gestaltete sich trotz der Unterstützung durch portugiesische Sprachkenntnisse eines Crewmitgliedes zum Geduldsspiel. Da die Ruderwelle nicht herauszubekommen war, demontierten sie die gesamte Steuersäule und schafften sie in eine Werkstatt, wo man die Welle mit entsprechendem Werkzeug endlich herausbrachte. Sie mußte neu gedreht werden, mit Nuten für die Schmierung und Führungs- und Ausgleichsringen. In der Segelmacherei brachen durch ANITAS Garderobe sämtliche Nadeln. Glücklicherweise war eine Polsterei für das Tuch besser ausgerüstet. Endlich, am 03. Juni, verließ ANITA unter Segeln den Hafen und machte sich auf den Weg nach New York. Diesen „langen Tampen" hatte sich Hans Köhler deshalb vorgenommen, weil er es gewesen war, der viele Jahre den

Wunsch hegte, mit ANITA den Atlantik zu überqueren. Durch die Hartnäckigkeit, mit der er seinen Plan verfolgte, und wegen der Begeisterungsfähigkeit vieler SKO-Mitglieder, Neues und Außergewöhnliches zu wagen, war dieses Unternehmen ja überhaupt zu Stande gekommen. Mehr als fünf Wochen dauerte die Reise von den Azoren über die Bermudas nach New York. Die ersten Tage verliefen vielversprechend. Entfernung ungefähr 2000 Seemeilen, mäßige Winde, Begegnungen mit verschiedenen Schiffen, die freundlicherweise Nachrichten in die Heimat absetzten, da Norddeich Radio anfangs wohl noch zu hören, aber nicht mehr zu erreichen war. Der Wind legte zu an Stärke und irgendwann kam die Fock von oben. Wenig später brach das Ersatzfockfall. Noch 1000 Seemeilen zu den Bermudas - vorläufig mit Groß und Besan. Wind Südsüdwest sieben - acht - neun, in Böen auch mal zehn Beaufort. Regen wie aus Kübeln. Ein Gewitter mischte mit und „heizt die See auf". Als der Spuk vorüber war, mißlang der Versuch, das Fockfall im Masttop einzuscheren, da der heftige Schwell dem Großmast mit einer Amplitude von annähernd zehn Metern pro Sekunde ausschlagen ließ. Mit viel Geduld von Skipper und Mannschaft erreichte

ANITA am 23. Juni nach 2000 Seemeilen (davon 1000 ohne Vorsegel) St. Georges auf den Bermudas. Ein Crewmitglied flog nach Hause. Der „Ersatzmann" hatte tagelang gewartet und bereits die Reparatur des Riggs vorbereitet. Das verschaffte der Mannschaft ein wenig Luft für einen Landgang, um zu telefonieren und die obligatorischen Ansichtskarten zu schreiben. „Es ist schwül, und aus jeder Wolke tropft es. Auch keine Gegend um Urlaub zu machen" - so Originalton Hans Köhler. Die Vorräte an Lebensmitteln wurden ergänzt, die leeren Wassertanks aufgefüllt und die Batterien geladen - die üblichen Besorgungen an Hafentagen. Außerdem knüpfte die Crew freundschaftliche Kontakte mit der Besatzung der ALEXANDER VON HUMBOLDT. Viel Zeit blieb nicht und so verließ ANITA die Bermudas, geriet wenig später erneut in ein Gewitter, das die See kochen ließ. Irgendwann ist die längste Reise mit den stärksten Widrigkeiten zu Ende: In der Nacht zum 2. Juli (die Lampen - Petroleum! - wurden erstmals seit den Azoren wieder angezündet) kamen die Lichter der amerikanischen Küste in Sicht. Aus dem Tagebuch des Skippers Hans Köhler: „Als wir die Verrazano-Brücke erreichen, ist es hell. Mit Vollzeug segeln wir hart am Wind

(Nordost mit vier Beaufort) den Hudson hoch. Manhattan liegt wie ein Gebilde aus dem Spielzeugkasten vor uns. Bei der riesigen Wasserfläche Hudson-Eastriver macht sich das alles sehr bescheiden, und ich höre die ungläubige Frage: Ist das wirklich New York? ... Letztlich ist es schon imponierend, in der Frühe des Morgens, wenn alles noch schläft, hier forsch die Wasser zu durchpflügen, an der Kreuz hoch bis vor die Freiheitsstatue zu segeln und vor Manhattan in den Eastriver einzukreuzen, wenn die Sonne ihre ersten Strahlen über das riesige Häusermeer ergießt und alles in ein sanftes Morgenlicht taucht. Unter der Brooklyn-Bridge nehmen wir das Groß weg und tuchen es sorgfältig auf. Langsam wird es in der Großstadt lebendig. Später muß der Strom gekippt sein, denn wir kommen mit Fock und Besan nicht zwischen den Brücken Brooklyn und Manhattan weg. Erst das noch mal gesetzte Groß befreit uns von dem Stillstand bzw. von der stellenweise Rückwärtssegelei zwischen den beiden Brücken, über die jede Menge Verkehr brandet. ... Ich entschied mich für Pier 7, wo die TOWARISCH bereits lag. Ein Kringel, in dem alle Segel fielen, dann lagen wir schon fest. Amerika, ich bin da, hörte ich die ANITA förmlich wiehern.

Gutes altes Seepferdchen." So war ANITA mit Skipper Hans Köhler und seiner Crew, die „mit einem Durchschnittsalter von 61,5 Jahren nicht mehr die jüngste, aber gemessen am Erreichen der Ziele unter teilweise sehr ungünstigen Bedingungen mehr als brauchbar" war, am 2. Juli nach 2700 Seemeilen in der neuen Welt angekommen. Mehrfach versuchten Leute der New Yorker Hafenbehörden ANITA vom Liegeplatz zu verscheuchen, denn da sie aus verständlichen Gründen nicht für die Parade angemeldet war, stand ihr kein Liegeplatz zu. Aber schließlich glaubten sie, dass diese Yacht keine Maschine hat, und somit ein Ortswechsel mit unnötigen Gefahren verbunden war. Für Ted Palm, der mit seiner Crew den folgenden Abschnitt nach Labrador segelte, begann das Abenteuer bereits, als einer seiner Leute versuchte, Gas nachzubunkern. Nach langwierigen Recherchen hatte er eine Abfüllstation 100 Meilen von New York entfernt (außerhalb des Staates New York, denn dort ist das Abfüllen verboten) entdeckt. „Ein fähiger Amerikaner und Wolfram mußten zunächst die halbe Anlage umbauen (in einem abenteuerlichen Industriegebiet), bevor wir mit Hilfe von Wolframs Adaptersammlung mit unseren europäischen Flaschen drankonnten". Trotz aller

Mühsal des Ausrüstens sind sie nach Besichtigung der Schiffe der Tall- Ship-Parade, einer Stadtrundfahrt durch diese einzigartige Metropole und einem Theaterbesuch am Broadway vom Auftakt der Reise sehr angetan. Nachdem ANITA am 10. Juli, nach einem Ableger wie aus dem Lehrbuch, an teilweise verfallenen Piers und Docks, (die Silhouette von Manhattan im Rücken) an der Freiheitsstatue und Staten Island vorbeigezogen war, setzte der Navigator Kurs Boston ab. Long Island blieb an Backbord liegen. Bei leichtem Wind aus Südwest entschied Ted Palm, nicht um Nantucket Island zu segeln sondern durch den Cape Cod Canal zu gehen. Die Durchfahrt durch den Sund zwischen Nashawana Island und Pasque Island unter Segel und mit dem Dinghi als Schlepper war spannend und ein einmaliges Erlebnis in einer beeindruckenden Landschaft. Wenig später notiert Ted Palm: „Um drei Uhr - bei flauem Wind - beginnt die Bärennummer der Ansteuerung auf Boston, bis um acht Uhr ein Aufkreuzen in der Einfahrt erforderlich wird. Da, um dreizehn Uhr dreißig, plötzlich ein Ruck, und ANITA steht mit geblähten Segeln, ohne einen Meter zu machen. Was war passiert? Nicht klar. Die US Coastguard geht in der Nähe in Position, bürokratisch hilfsbereit: „Wir sollen alle Stunde unsere Erfolge melden." Endlich entdecken wir, daß sich im Ruder der ANITA eine starke, auf dem Grund befestigte Leine verfangen hat. Ein Taucher ist nicht aufzutreiben, so geht Reinhard, an einer Leine gesichert, auf Tauchstation, um ANITA zu befreien. Er schafft es, trotz heftig stampfender Yacht, uns freizuschneiden. Es kann weitergehen. Vierzehn Uhr - es weht genau aus dem Loch - gelingt es uns, die SEA TOW, einen Schlepper, zu organisieren. Gegen harte Dollars schleppt sie uns in den Hafen aber wohin? Wieder erweisen sich US Coastguard und das Organisationskomitee - Sail Boston -, die wir nun per UKW kontaktieren, als extrem fähig: kein Liegeplatz - so legt uns die SEA TOW an den Schwimmsteg einer Werft. (Hier muß eingeflochten werden, daß trotz mehrfacher Schreiben aus Deutschland die Boston-Sail nicht geantwortet hatte.) Aber noch hat die Freundlichkeit Bostons nicht ihren Abschluß und Höhepunkt gefunden. Eine freundliche Amerikanerin - sie stellt sich als Werftbesitzerin vor - verscheucht uns von unserem mühsam gefundenen Liegeplatz. Mein Einwand, im Strom zu ankern sei zu gefährlich, erntet nur Häme - „that's not my business" - lautet der stereotyp wiederholte Satz. So verlegen wir unter Segeln auf einen zum Ankern vorgesehenen Platz. ...Gegen neunzehn Uhr, wieder mit der SEA TOW - und erneut gegen harte Dollars - machen wir in einer Marina fest. Freundliche Leute dort. Aber Boston bleibt uns dennoch als die unfreundlichste Ecke der USA in Erinnerung." Nachdem ANITA Boston bei wenig Wind und mit Unterstützung des Dinghis verlassen hatte, begann auch auf diesem Abschnitt die Bordroutine. Die Windstärken wechselten von Schwachwind zu Sturm, zu Flaute. Diese Wechselbäder verlangten auch Segelwechsel, Reffs in's Großsegel einbinden und wieder ausschütten. Am 18. Juli waren die Leinen im Stadthafen von Halifax fest. Als ANITA in der nächsten Nacht bei Nebel wieder auslief, bekam sie von der kanadischen Coastguard Hilfe angeboten (Zitat Ted Palm: „Eine Wohltat in Kanada zu sein, wo uns auch in Zukunft alle nur erdenkliche Freundlichkeit und Unterstützung entgegengebracht werden wird".), und auch das eigene Radar bewährte sich vorzüglich. Nach drei Tagen im Nebel, zum Schluß gepaart mit Flaute, legten sie abends in Sidney-Hafen an. Jetzt war es für den Skipper an der Zeit, zu entscheiden, wohin die weitere Fahrtroute führen sollte. Die Eismeldung des Deutschen Wetterdienstes klangen nicht sehr ermutigend, aber die kanadische Coastguard meldete erstmals: „Strait of Belle Isle free for traffic". Außerdem bestärkte ihn Captain Whyte, Kommandant eines Forschungsschiffs der Canadian Navy, das von Labrador kommend im Hafen lag, seinen Plan durchzuziehen und ermutigte ihn zur Weiterreise, die nach seiner Meinung mit der gebotenen Vorsicht zu meistern war. Er stellte ihm nicht nur die aktuellsten Informationen zur Verfügung, sondern versorgte ihn mit zusätzlichem Material aus dem Schiffsarchiv. Am 24. Juli startete ANITA zum letzten Abschnitt dieses Törns. Die Reise führte durch die Cabot Strait in den St.-Lorenz-Golf, weiter nordwärts zwischen Neufundland und der Südküste Labradors hindurch. Als der erste Wal, mit beeindruckender Fontäne und majestätischer Fluke, unter ANITA hindurchtauchte, war auch das Reiseziel „Whalewatching" abgehakt. In der Strait of Belle Isle kam der erste Eisberg in Sicht. Nachdem am Abend leichter Nebel die Sicht beeinträchtigte, beschlossen Schiffsführer und Mannschaft, wieder im freien Atlantik, beizudrehen, um der Kollisionsgefahr mit Eisbergen zu entgehen. Wie klug diese Entscheidung war, zeigte der nächste Tag, der einen „wahren

Rausch von Eisbergen" brachte. Für die folgende Nacht waren verkleinerte Segelfläche (für eine mäßigere Fahrt) und zusätzlicher Ausguck im Bugkorb trotz hellen Mondscheins und Radar angesagt, um sicher durch die Eisberge durchnavigieren zu können. Als die Coastguard große Eisfelder vor Hopedale meldete, war klar, daß der Zielhafen nicht erreichbar war. Nach Funkkontakt mit einem Frachter, der aus Goose Bay kam und angab, daß das Hamilton Inlet eisfrei sei, entschied Ted Palm, weiter in den Fjord hineinzusegeln und machte ANITA am 30. Juli abends an einer kleinen Pier in Rigolet fest. Sein Ziel war erreicht. „Wir sind am Rande der Zivilisation, in einem kleinen Inuit-Dorf mit 451 Einwohnern, nur erreichbar mit einem Flugzeug oder mit dem Schiff, ohne Straßenverbindung ins Hinterland. Die Aufnahme ist herzlich. Eine Welt für sich. ... 1458 sm über Grund. Wale, Eisberge und ein klein wenig mehr Erkenntnis über unsere Erde und ihre Bewohner in der Einsamkeit des Nordens sind das Ergebnis. Und ein herrliches Gefühl, dort gewesen zu sein." Mittlerweile war Skipper Karl-Ludwig Sattler mit seiner Crew nach Kanada aufgebrochen. Er hatte mit Ted Palm vereinbart, daß er in Goose Bay bleiben und von dort aus mit ANITA Kontakt aufnehmen werde, um das weitere zu planen. Wir landeten morgens um vier Uhr, von Halifax kommend, mit einer Cargomaschine mit zwanzig Plätzen für Passagiere in Goose Bay. Im Vorfeld hatte Karl-Ludwig Sattler, auf Empfehlung der zuständigen Stelle im Bundesverteidigungsministerium, den Kommandeur des Trainingscamps der Bundesluftwaffe in Goose Bay von unserem Vorhaben unterrichtet und ihn für die Zeit unseres Aufenthalts um Unterstützung gebeten. So war es eine sehr angenehme Überraschung, daß uns um diese nachtschlafende Zeit ein „freundlicher Krieger" erwartete, vor allem als sich herausstellte, daß es sich um den stellvertretenden Kommandeur, Wolfgang Capito, handelte. Als erstes brachte er uns mit samt unserer Riesenladung Gepäck im Gästezimmer des Dienstgebäudes unter. Anhand einer dort vorhandenen Wandkarte beratschlagten wir gemeinsam, welcher Hafen am günstigsten sei und wie wir am besten dorthin kämen. Einen Zahn zog uns Major Capito gleich: Mit dem Auto, erklärte er uns, ginge gar nichts. Die Straßen endeten mit dem Ort, es gab keine Verbindung über Land. Am Abend rief Ted Palm von Rigolet, einem kleinen Hafen neunzig Meilen von unserem Standort entfernt, am Ausgang der Goose Bay an: ANITA hatte dort die Leinen endgültig festgemacht. Wir charterten eine Twinotter der LAB-Air. Die Maschine zog gemächlich in der klaren Luft ihres Wegs, über grüne, endlose Wälder, unterbrochen von zahlreichen stahlblauen Wasserläufen und Seen. Der Küstensaum kam in Sicht - da sahen wir ANITA liegen. Der Pilot drehte zwei Kreise über dem Anleger und landete dann auf der Schotterpiste mit Bretterbude, die sich vollmundig Flugplatz Rigolet nannte. ANITA hatte mittlerweile erhebliches Aufsehen erregt. Niemand konnte sich erinnern, dass hier jemals eine ausländische Yacht festgemacht hätte. Bürgermeister Rick Whitehouse, gleichzeitig Chef des Supermarktes der Northern Company, war sehr entgegenkommend und half uns bei allem möglichen Routinekram wie Wasserübernahme, dem Anschluß an Landstrom und der Beschaffung von Proviant. Frau Bürgermeister wusch und bügelte uns sogar die Bettwäsche. Nach der Übergabe begann die Einräum- beziehungsweise Ausräumroutine. Da das sonnige Wetter anhielt, konnten wir alles, Segel, Polster, Bettzeug und Matratzen, zum Trocknen ausbreiten. Lediglich die Myriaden von Stechmücken sabotierten fast unsere Arbeit und waren trotz aller möglicher Tinkturen und Sprays mehr als lästig. Als uns am Abend Rick Whitehouse und seine Frau an Bord besuchten, erzählten sie von ihrem Leben in der Einsamkeit der Wildnis. Im Winter ist der Ski-Doo das übliche Fortbewegungsmittel und der Hundeschlitten. Im Sommer sind die Schlittenhunde auf den umliegenden Inseln verteilt. Alle paar Tage bekommen sie erlegte Seehunde gebracht und zum Fraß vorgeworfen. Das also war die Erklärung für die Schüsse, die wir über die Tage hin allenthalben hörten. Der überwiegende Teil der Einwohner Rigolets sind Abkömmlinge von Innu, Eskimos. Sie leben vom Fischfang, von der Robben- und Cariboujagd. Die Zukunftsaussichten für diese Leute scheinen nicht gerade überwältigend zu sein. Ein kurzer Bummel durch den Ort brachte wenig Eindrücke. Nur die Moskitos piesackten uns nachhaltig, während wir ANITA in den Wind gedreht, die Segel gecheckt und zwei Reffs in's Großsegel eingebunden haben. Der Skipper hatte das Auslaufen für drei Uhr früh nach dem Hochwasser festgesetzt. In der Nacht war es flau, und so wurde das Auslaufen in der Morgendämmerung „abgeblasen". Wir warteten das Mittagshochwasser ab. Noch immer kein Wind, aber Sonnenschein. Durch Rick Whitehouse bekamen wir Schlepphilfe, damit konnten wir durch die Enge gezogen werden. Mit einem kurzen, heftigen Regenschauer, der über uns hinwegzog, ist genügend Wind gekommen. Also Leinen los! Nachdem auch das Großsegel ordentlich stand, winkten wir unseren Freunden aus Rigolet Dank und Lebewohl zu. Bei kühlem, aber freundlichem Wetter segelte ANITA Richtung freie See. Als ich um Mitternacht auf Wache zog, verfiel ich dem alten Zauber, den ANITA segeln auf mich ausübt. Über uns wölbte sich ein prachtvoller Himmel mit glasklarer Luft. Tiefdunkelblau wie ein Saphir wurde er nie vollkommen schwarz oben im Norden. Er war übersät mit zahllosen blinkenden, schimmernden Sternen, und aus der scheinbar ungeordneten Fülle kristallisierten sich die Bilder heraus. Am markantesten war der große Wagen, der wieder auf den Polarstern verwies, diesen Solitär, der in seiner Einmaligkeit fast bescheiden in der Menge untertauchte. Sternschnuppen fielen silbern und sacht, leuchteten bis zur Kimm, strahlten hell auf, um im Nirgendwo zu verlöschen. Der Horizont im Norden und Nordosten behielt einen letzten Rest von Helligkeit. Gegen Morgen schmückte er sich mit zartem Rosa, das sich zunehmend verstärkte und in ein immer kräftigeres Rot überging, das sich glühend in der glatten See spiegelte. Und dort, wo Himmel und Wasser miteinander verschmolzen, schob sich die Sonne als blutrote Scheibe Zentimeter für Zentimeter aus dem brennendroten Meer und begrüßte den aufziehenden Tag mit einem spektakulären Schauspiel. Mit dem Folgenden pendelte sich die Bordroutine ein. Wir gingen drei Wachen mit vier Stunden und je acht Stunden Freiwache. Während des Tages passierten wir die der Küste vorgelagerten Inseln. Im Sonnenschein winkte der kahle Felsen von White- Bear-Island zu uns herüber, das letzte Stückchen Land, als wollte er uns einen Abschiedsgruß mitschicken auf unseren Weg durch die Wasserwüste der Labradorsee, die nun bis Grönland vor uns lag. Draußen, auf der Makkovikbank und der Harrisonbank waren Dutzende von Eisbergen gestrandet. Die meisten hatten wohl schon eine mehrjährige Drift hinter sich. Vom Ostgrönlandstrom erfaßt, waren sie um Kap Farvel herum in den Westgrönlandstrom getrieben, um mit ihm zunächst nach Norden, in die Labradorsee, und dann nach Westen, über die Davisstraße, hier an diese Küste zu gelangen. Testweise schalteten wir das Radargerät ein. Tatsächlich, das Eis gab ein gestochen scharfes Echo auf dem Bildschirm.

Die eisigen Traumgebilde um uns herum schimmerten in der Sonne - kaltweiß, ultramarinblau, turmalingrün und azuren. An einem dieser Kolosse fuhren wir in ganz geringem Abstand vorbei. Das Wasser an seinem Fuß schimmerte türkis, die Farbe schien in's Eis einzusickern. Die Brandung, die zu uns herüberdröhnte, flößte uns einigen Respekt ein. Schnell hatte uns die Realität auf den Boden der Tatsachen zurückgeholt: Nachdem wir den letzten Eisberg dieser Gruppe abgehakt hatten, zog eine Nebelwand auf uns zu. Minuten später tauchte ANITA ziemlich unvermittelt in eine dicke, feuchte, graue Suppe ein, die als undurchdringliche Schicht auf der See lag. Das Radar war eine hervorragende Hilfe im typisch gewordenen Nordmeerwetter. Zusätzlich war noch verstärkter Ausguck unerläßlich geworden im tiefdunklen bleiernen Grau der Nacht. Die Waschküche begleitete uns. Die Wache oben wollte es genau wissen: Luft plus sieben Grad Celsius, Wasser plus vier Grad Celsius. Nach anfangs eher mäßigen Windstärken stabilisierte sich das Wetter. Mit neun bis zehn Knoten Fahrt schoben wir durch das Grau und steuerten mit Backstagsbrise durch eine ruhige See unserem Ziel entgegen. Mitunter konnte man die Sonne erahnen, aber das Grau blieb.

Ab und zu steckte eine Robbe den runden Kugelkopf aus dem Wasser. Lieb sahen sie aus, die kleinen Kerle mit ihrer lustigen Knopfnase und den munteren Augen. Sie blieben auf Distanz und tauchten unvermittelt wieder ab. Ein Schiff mit Menschen, und die machten keine Jagd auf sie? Wir machten weiterhin gute Fahrt. Der Barograph fiel kontinuierlich und der Einfluß des Tiefs, das südlich von uns von Neufundland nach Kap Farvel zog, machte sich bemerkbar. Seegang baute sich auf, und ANITA schob Lage und geigte. Wie hätten ja auch nicht gut zu Hause erzählen können, daß wir bei glattem Wasser über die Labradorsee gefahren wären. Wind Ost, sechs bis sieben Beaufort. Dazu hatte ein feiner Dauerregen eingesetzt. „So ein Schiff ist von unten dichter als von oben", lautete der Spruch des Tages. Der Regen tropfte zwar vom Ölzeug ab, weichte aber im Verein mit den niederen Temperaturen die Wache „von innen raus auf'. Typisches Kap-Farvel-Wetter, erklärte mir der Skipper, als ich durchgefroren, triefend und deshalb auch reichlich erschöpft und leicht fluchend, nach der Wache mühsam versuchte, mich im rollenden Schiffsinneren aus dem Ölzeug zu schälen und die Gummistiefel loszuwerden. Ach so - und ich dachte, ich sei im Sommerurlaub.

Mit jeder Meile nach Norden ließ der Wind nach, der Barograph hatte mit seiner Kurve bei neunhundertfünfundneunzig Millibar die Talsohle erreicht. Platt vor dem Wind segelten wir unter Vollzeug Richtung Frederikshab. Wir konnten unser Ziel direkt anliegen. Nach dem Schweigen auf der Labradorsee regte sich auch im UKW wieder Leben. Nuuk-Radio meldete sich. Wir standen vor Grönland! Der Regen ließ zwar nicht nach, aber die Wolkendecke wurde dünner. Hin und wieder lugte die Sonne auf die Mastspitze, kam aber nicht durch. Rund um's Schiff blieb die von hell- bis bleigrau wabernde Lohe. Eisberge tauchten schemenhaft aus dem Dunst, verschwanden wieder. Die Gipfel schoben sich schimmernd aus der schmutzigen Watte. Einer muß gigantische Ausmaße gehabt haben. Zumindest schlossen wir das aus der donnernden Brandung, die wir fast schmerzhaft deutlich hören konnten. In der Abenddämmerung schlief der Wind ein. Da die See ganz ruhig und glatt war, entschied der Skipper, die verbleibenden dreißig Meilen bis Paamiut mit dem Beiboot zu schleppen. Mit Radar und GPS war es kein Problem, trotz des Nebels durch die enge Einfahrt nach dem kaum sichtbaren Richtfeuer zu steuern. Am 09. August, um fünf Uhr waren die

Leinen in Frederikshab/Paamiut fest. Wir waren zwar alle müde nach der durchwachten Nacht, denn die Ansteuerung verlangte AII-hands-Mannöver und äußerste Konzentration. Doch als wir uns zum Anleger in der Messe zusammensetzten, machte sich ein starkes Gefühl der Verbundenheit breit. Wir hatten es wahrgemacht. Wir waren mit unserer ANITA in Grönland angekommen.
Paamiut war ein kleiner Ort und auf die Bedürfnisse Reisender noch nicht eingestellt. Aber der Lehrer Palle Guldman Petersen, zum Beispiel, bot uns an, in der Schule zu duschen. Außerdem lud er uns zu einem Ausflug mit seiner Motoryacht in den Kvanefjord ein. Es ging ein Stück Wegs in den Meeresarm hinein in Richtung des kalbenden Gletschers, der vom Inlandeis herunterfließt. Die zahlreichen Eisschollen bezauberten mit ihrem Formenreichtum und den Variationen der Blautöne. Einige verlassene Siedlungen lagen am Ufer und wirkten im Dämmer des tristen Regentages fast gespenstisch. Besonders die mit lediglich ein paar Steinen gesäumten Gräber, in denen noch Knochen zu erkennen waren. SHANGRI-LA und das Langboot VIKING SAGA von Weltumsegler Burghardt Pieske lag „nebenan". Zum Teil deckte sich das, was

er erzählte, mit unseren Erfahrungen. Die Inuit scheinen total entwurzelt, und zum Teil auch degeneriert. Ihr natürlicher Lebensrhythmus ist total über den Haufen geworfen. Sie wurden in Ortschaften und Städten angesiedelt. Auch in Paamiut. Häßliche, triste Betonsilos wirklich übelster Sorte überragen die schmucken kleinen bunten Holzhäuser des farbenprächtigen Ortskerns. Aus der Zeit, als die Inuit noch wie Nomaden durch's Land zogen, waren sie es gewöhnt, ihre Abfälle (damals Haut, Knochen, Fleisch- und Fischreste, also alles biologisch abbaubar, wie wir heute sagen) neben der Hütte, dem Sommerhaus oder dem Iglu zu entsorgen. Nun verschandelte der überall herumliegende „Wohlstandsmüll" die Gegend. Die herrlichsten Wollgrasfelder wirkten, kamen wir nahe genug heran, deprimierend, denn sie waren mit Plastiktüten, Flaschen, Bierdosen, Milchtüten und ausgedienten, verrosteten Gerätschaften verunziert. Ebenso sahen die unzähligen kleinen Bäche und Tümpel aus, die am Ortsrand die mageren Grasflächen und Wiesen durchzogen. Hatten die Inuit früher nur ihren täglichen Bedarf aus dem Meer geholt - Robben gejagt, weil sie das Fell für Kleidung oder zum Bespannen ihrer Kajaks und das Fleisch ebenso wie Fisch und Rentiere zum Essen brauchten - haben ihnen die modernen Fischereitechniken ihre Existenzgrundlage zerstört. Dadurch, daß der Export von Robbenfellen verboten worden war, war deren Preis rapide gesunken. Also mußten mehr Tiere gejagt werden, damit wenigstens ein Minimum verdient wurde. Die meisten Grönländer lebten offensichtlich sowieso von staatlicher Unterstützung, und damit das Dasein erträglich wurde, setzten viele das wenige Geld, das sie bekamen, in Alkohol um. Diese Erkenntnis warf einen dunklen Schatten auf die Faszination, die unsere Umgebung auf uns ausübte. Die schroffen, anthrazitfarbenen blanken Felsen, über die die bunten Häuschen verstreut lagen, bewirkten durch den Gesamteindruck dennoch eine freundliche, fast heitere Atmosphäre, die vertieft wurde durch die Gemächlichkeit, in der so ein Tag ohne jede Hektik ablief. Als wir einen der kahlen Berge erklommen hatten, sahen wir weit über vergletscherte Gipfel, die durchbrochen waren von Fjorden mit schwarzblauem Wasser, aus dem sich in hartem Kontrast die weißen Eisschollen abzeichneten. Die Weite und die Einsamkeit schienen fast körperlich spürbar zu sein. Den Aufenthalt in Paamiut rundete ein Besuch im kleinen Museum ab. Die Geschichte der

Inuit war dort dargestellt, genau verzeichnet waren die einzelnen Kulturen der verschiedenen Zeitalter. Traditionelle Kleidung und Schmuckstücke waren in Schaukästen ausgestellt und natürlich auch Jagdgerät. Der junge Mann, der dem Museum vorstand, pflegte den Nachlaß eines verstorbenen Inuitkünstlers. Und zeigte uns dessen Specksteinschnitzereien. Die kleinen Figuren, die er vor uns ausbreitete, stellten Inuit in ihrem Alltag dar, so bei der Robbenjagd und beim Fischfang. Sie waren fast alle mit Stöcken, Faustkeilen oder lanzen- und harpunenähnlichen Waffen abgebildet. Ich bemerkte einen bitteren Geschmack im Mund. Das Leben in den alten Traditionen Grönlands muß sehr hart für dieses Volk gewesen sein.

Die Hafenbarkasse zog uns hinaus bis zum Ansteuerungspunkt Satuarsuaq. Es war ein sonniger Nachmittag, klar, mit leichtem Wind und glatter See. Rings um uns lagen zahlreiche Eisberge. Zwei davon fielen wegen ihrer überdimensionalen Abmessungen besonders auf. Mit dem Radar versuchten wir ihre Größe wenigstens annähernd zu bestimmen. Nicht weniger als zwei Kabellängen, eher drei, Höhe ungefähr achtzig Meter. Wie weit ein Eisberg eintaucht hängt von der Dichte seines Eises und dem Gehalt der eingeschlossenen Luft ab. Es soll Eisberge geben, die nur mit einem Zwanzigstel ihrer Masse aus dem Wasser herausragen. Wie gewaltig der Tiefgang dieser Riesen gewesen ist? Wenig später kreuzten wir den Kurs von vier Walen. Bereits von weitem waren sie an ihrer Blasfontäne zu erkennen. Es war ein beeindruckendes Bild, als, nachdem der Rücken kurz aufgetaucht war, das Tier unter Wasser verschwunden ist und bald darauf die mächtige Fluke majestätisch in den Himmel ragte. Einer dieser Respekt einflößenden Kolosse war wohl besonders neugierig und schwamm direkt auf uns zu. Ich stand am Ruder, mutterseelenallein, denn alle anderen hatten sich im Bug versammelt, bewaffnet mit Fotoapparaten, Film- und Videokameras. Von meinem Standort aus gesehen kam es mir so vor, als wollte das Tier unsere ANITA rammen. Wale, sagte ich mir, sind friedliche Meeressäuger und greifen nicht an. Wußte dieser das auch? Plötzlich sah ich ihn direkt vor dem Bug auftauchen. Ich war so gebannt, daß mir fast die Luft wegblieb. Das Herz schlug bis in den Hals und ich spürte, wie meine Knie zitterten. Der Wal tauchte ab, so nahe, daß das Blasloch deutlich zu erkennen war, in dem der Atem fauchte. Er zog ruhig unter dem Schiff hindurch. Die

Wendigkeit und Eleganz dieser mächtigen Tiere zeigte sich in dieser hautnahen Begegnung überdeutlich und ließ uns Bewunderung und Respekt empfinden. Die sattsam bekannte Nebelsuppe braute sich zusammen, saugte sich gleichsam an Masten, Stagen und Wanten hoch und packte das ganze Schiff in kalte, nasse Watte. Oben, um die Mastspitze herum, war blauer Himmel zu sehen. Von Frederikshabs Isblink, dem großen Gletscher an der Küste, bekamen wir leider nicht das geringste Blinken mit. Schade. Nach wechselweise Flauten und Starkwind mit Temperaturen um plus zwei Grad Celsius (Hochsommer im Eismeer!) konnten wir unser Ziel Nuuk gut anliegen und mit sechs bis sieben Knoten Fahrt zog ANITA Richtung Hafen. Als wir die Landabdeckung des Godthabfjords erreichten, ließ der Seegang - und leider auch der Wind - nach. Für die letzten Meter der Ansteuerung brauchten wir tatsächlich noch die Hilfe des Dinghis. Am 14. August, um 20.00 Uhr, waren die Leinen fest im Hafen von Godthab/Nuuk am Trawler POLARFISK. Nuuk ist die Hauptstadt Grönlands und war Ziel und Höhepunkt unserer Reise. Sie breitete sich, ungefähr zwölftausend Einwohner beherbergend, mit ihren leuchtend bunten Holzhäusern über einem kargen, kantigen Felsplateau aus. Auch die von Paamiut bekannten Wohnsilos fanden wir wieder und die sozialen Probleme. Nur war alles viel städtischer, größer, hektischer. Vor allem der Autoverkehr. Wo fuhren die Leute nur hin? Kurz hinter der Grenze der Stadt endeten die Straßen. Bürgermeisterin Languaq Lynge lud uns in's Rathaus und später zum Lunch ein, nachdem wir ihr eine Grußadresse des Oberbürgermeisters von Cuxhaven, der Partnerstadt Nuuks, überreicht hatten. Sie erzählte uns viel von diesem bitteren, harten Land, in dem sie geboren worden war und aufgewachsen ist. Und sie sprach mit viel Liebe und großem Stolz davon. Sie berichtete von den Problemen der Grönländer, vor allem der jugendlichen, deren Anteil an der sechzigtausendköpfigen Gesamtbevölkerung vierzig Prozent ausmachte. Sie hatten geringe Zukunftsaussichten, denn Jagd und Fischerei warfen immer weniger ab. Einige wenige Grönländer hatten die Chance, im Land einen einträglichen Beruf zu erlernen. Nuuk hat eine Universität, an der Lehrer, Bibliothekare und verschiedenen technische Berufe ausgebildet werden. Herausragend Begabte bekamen ein Stipendium, damit sie in Dänemark Schule und Universität besuchen konnten. Bürgermeisterin Lynge und ihre

Verwaltungsdirektorin statteten im Gegenzug ANITA einen Besuch ab. Die Plauderei war sehr informativ, denn wir haben eine Menge über die touristischen Aktivitäten erfahren, die angeboten wurden. Flüge mit dem Hubschrauber zum Inlandeis, was uns alle brennend interessierte, Bootfahrten in die Fjorde zu Abbruchkanten der Gletscher, kombiniert mit Mehrtages- und Kurzwanderungen. So was hätten wir natürlich gerne erlebt. Und selbstverständlich könnten individuell zugeschnittene Arrangements bewerkstelligt werden, mit Wasserflugzeug, Luft- und Wassertaxis. Könnten, wohlgemerkt. Wenn genügend Zeit vorhanden ist. Doch bei uns liefen die Urlaubstage unweigerlich, und wie mir schien, immer schneller, ab. Es war einfach nicht auf die Reihe zu kriegen, heute für morgen eine verbindliche Zusage für eine der vielen Möglichkeiten zu bekommen. Doch wozu waren wir auf eigenem Kiel vor Ort? Wie beschlossen, am nächsten Tag auszulaufen. Bei Sonne, Wind und glattem Wasser segelten wir mit neun Knoten Fahrt in den Godthabsfjord Da die Karte nicht sehr detailreich war, gestaltete sich die Suche nach einem geeigneten Ankerplatz langwierig. Schließlich fanden wir eine Bucht, die uns den notwendigen Schutz und Ankergrund bot, am Nordende der Insel Quequertat. Vier Dänen in einem Motorboot hatten unser Manöver beobachtet und kamen zu einem Abendplausch an Bord. Wir genossen die Stille unberührter Natur. Zum wiederholten Mal ließ ich mich einfangen vom Zauber dieser düsteren Kulisse. Trotz der hellen Sonne schauten die steilen, schroffen, dunklen Berge, nackter Fels, und auch im Hochsommer mit Gipfeln, die von Eis und Schnee überzogen waren, streng, fast drohend aus. Und doch fühlte ich weder Beklemmung noch Angst. Sie säumten das schmale Fahrwasser zu beiden Seiten und boten Schutz und Geborgenheit diesem Land, das so hart und so bitter sein mußte für die Menschen, die hier lebten. Und das doch auch eine fesselnde Anziehungskraft ausübte, und das mir den Eindruck vermittelte, daß vor allem die Natur das Sagen hat, in dieser Landschaft, die uns mit Strenge und Stirnrunzeln aufnahm. Je weiter wir in den Fjord eindrangen, desto zahlreicher wurden die Growler und Eisberge, die uns begegneten. Sie schillerten in allen möglichen grünen und blauen Farben, leuchteten und glitzerten im Sonnenschein und regten mit ihren bizarren Formen einmal mehr meine Phantasie an. Einen der Riesen hatten wir noch nicht weit achteraus gelassen, als plötzlich Leben in ihn kam. Er zog unsere erneute Aufmerksamkeit durch einen explosionsartigen, trockenen Knall auf sich. Wir beobachteten, wie ein großes Stück abbrach, laut klatschend in's Wasser tauchte und wieder aufschwamm. Der „Resteisberg" war wohl kopflastig geworden, er neigte sich lautlos vornüber, kenterte, drehte sich zurecht und schaukelte fröhlich in einem milchig-grünen Eisbrei weiter. Lustig waren die kleinen, gläsernen, kristallklaren Eisstücke, die ganz nahe an der Bordwand vorbeischwammen. Sie knisterten laut, wisperten, schmatzten und schlabberten eifrig, und ich hörte die Geschichte, die sie uns erzählten. Es war die Geschichte der Jahrtausende im ewigen Eis, dem sie jetzt entronnen waren, und jubelnd das Licht und die Sonne begrüßten. (Diese komischen Geräusche kommen davon, daß die im Eis eingeschlossene Luft freigesetzt wird.) Nach mehreren Anläufen war es uns tatsächlich gelungen, einen kleinen glasklaren Brocken an Bord zu hieven. Jetzt konnten wir unser Gin Tonic mit echtem Gletschereis, das möglicherweise mehrere tausend Jahre alt war, trinken.

Unser Ziel war Qornoq, ein verlassenes Dorf, das als Jugendferienlager diente. Der auf der Karte ausgewiesene Ankerplatz war untauglich, weil der Wind eine große Anzahl Growler in die Bucht getrieben hat. Nachdem der Anker auf der Nordseite der Insel gefallen war, setzten wir über an Land und wanderten über den Kamm des Bergrückens in's Dorf. An verlassenen Häusern kamen wir vorbei, an einer halb zerfallenen Kirche. Eine wacklige, windschiefe Treppe führte hinauf zum Dachboden. Ein Kindersarg stand dort und ein Grabstein. Wir liefen weiter, den rostigen Schienenstrang entlang, auf dem früher Loren Fracht vom Anleger zur Fischfabrik befördert hatten. In der einbrechenden Dämmerung wirkte die leere Halle, in der die Schienestränge anfingen (oder endeten?) gespenstisch auf mich. Einst hatten hier Betriebsamkeit und Leben geherrscht. Jetzt ließ die Zeit mit gefräßiger Gleichgültigkeit mageres, zähes Gras darüber wachsen. Zurück an Bord saßen wir in der Messe zusammen. Ein seltsames Geräusch ließ uns aufhorchen. Schleifte die Ankerkette? Sorgfältige Kontrollen ergaben, daß Anker und Kette einwandfrei und vorschriftsmäßig lagen. Doch immer wieder hörten wir dieses irritierende, dumpfe Scharren, das wir uns nicht erklären konnten. Des Rätsels Lösung: Die ablaufende Tide hatte die Eisberge um uns herum auf Grund gesetzt.

Die Bewegungen, mit denen sie im Ebbstrom über den Boden geschleift wurden, hörten wir im Schiffsinneren. Vollmond im Fjord - ANITA ankerte vor einer atemberaubenden Felskulisse und zeichnete sich winzigklein vor der gewaltigen Bergwelt ab. In der Abenddämmerung leuchteten hunderte von Eisbergen auf, noch einmal überhaucht vom zarten Rot der untergehenden Sonne, und lagen dann starr in der sie umgebenden Dunkelheit, schimmerten im Mondlicht metallen und abweisend. Ein überwältigender Sternenhimmel glitzerte in der kalten Nacht. Und da flammte es, flirrte es, wehte es über uns, flackerte hellgrün, moosgrün, tundragrün, dunkelgrün. Wir hörten es in der Stille förmlich knistern, als die Garben des Nordlichts über das Firmament zogen, streuten, wehten, waberten, lohten. Es war ein einzigartiges Schauspiel, das wir da geboten bekamen. Dieses Geschenk versöhnte mich mit der manchmal beklemmenden Härte und Bitterkeit dieses herben Landes, das mich doch so stark berührt hatte. Tiefhängende Wolken färbten am nächsten Morgen alles grau in grau. Der Abschied fiel mir unbeschreiblich schwer, ich wäre gerne noch im Godthabsfjord geblieben, in dieser unvergleichlichen stillen Landschaft.

Aber unsere Zeit war um. Über Stunden zog uns das Beiboot zurück in Richtung Nuuk. Erst wenige Meilen vor dem Ziel, als sich der Fjord zum Meer hin öffnete, kam Wind auf. So erreichten wir unseren Liegeplatz „standesgemäß" unter Segeln. Als am 26. August Günter Pivl mit seiner Mannschaft anreiste (zu siebt, da zwei Mitsegler kurzfristig abgesagt hatten) sahen sie ANITA bereits während der Fahrt vom Flugplatz zum Hafen auf Reede liegen. Sie holten sie längsseits an die Pier, bunkerten Wasser, ließen die Batterien nachladen und kauften Lebensmittel und Getränke ein. Trotzdem konnten sie nicht, wie geplant am 28. August auslaufen, denn sie hatten einen Segelkameraden in's Krankenhaus bringen müssen. Die behandelnde Ärztin riet dringend davon ab, ihn mit auf die Reise zu nehmen. So blieb nichts weiter übrig, als dafür zu sorgen, daß er während der Zeit seiner Krankheit (wie sich später herausstellte, eine Fischvergiftung) in Godthab gut betreut und sein Rücktransport organisiert wurde. Aus diesem Grund mußten sie ANITA zu sechst durch die Labradorsee und über den Atlantik segeln. Schließlich legten Skipper und „Rumpfmannschaft" das Auslaufen auf den 28. August fest. Nach einer eingehenden Sicherheitseinweisung auf und unter Deck wurden die Leinen losgeworfen und unter Fock und Besan begann die Reise. Bald konnten sie auch das Großsegel setzen, wodurch sie im Godthabsfjord gut vorankamen und bald auf offener See waren. Um Kap Farvel in sicherer Entfernung von der Eiszone runden zu können, wurde Kurs in Richtung Süden abgesteckt und für einige Tage beibehalten. Trotz der fortgeschrittenen Jahreszeit mußten sie nicht mit schwerem Wetter kämpfen sondern mit eher leichten Winden. So brauchten sie wesentlich mehr Zeit als geplant, um zum „Absprungpunkf' über den Atlantik südlich von Kap Farvel zu gelangen. Begleitet von der großartigen Gebirgskulisse Grönlands bei Tage und bei Nacht und klarem Himmel vom Nordlicht in dauernd wechselnden Formen, von Wal- und Tümmlerherden ließen sich alle gerne von der sie umgebenden Natur faszinieren. Nachdem Grönland außer Sicht gekommen war und auch die letzten Eisberge von ANITA achteraus gelassen worden waren, ließ Günter Pivl östlichen Kurs laufen. Anschließend frischte der Wind kurzfristig auf auf sieben Beaufort. „Das Wetter ist übrigens gar nicht so ungemütlich - in der langen achterlichen Dünung liegt ANITA wie in einer Wiege. Am Montag machen wir einen Tagesweg von über 160 Seemeilen! ... Was das Wetter angeht, so bleibt es leider bei diesem einmaligen Starkwind-Schauspiel. Im folgenden haben wir stattdessen mit Flauten zu kämpfen, und das im September auf dem Nordantlantik - unglaublich, aber wahr! Bald fangen wir sogar an, die Flauten durchzunummerieren - bis zur Ankunft auf den Färöers bringen wir es sage und schreibe auf sechs Stück!" So arbeitete sich ANITA langsam aber sicher nach Osten vor. Die Spannung stieg, als sie sich den Färöers näherte. In den frühen Morgenstunden des 18. September kamen die Inseln in Sicht. Steile Felshänge, die von einer dünnen grünen Schicht überzogen waren, und teilweise im Nebel lagen. Nach zwanzig Tagen auf See fanden alle den Anblick dieser Gegend, die einen eher unwirtlichen Eindruck machte, sehr schön. Am Nachmittag kam hinter Vorhängen aus Nebel Torshavn in Sicht. Natürlich mußte der Wind ausgerechnet in der Ansteuerung auffrischen. Unter Fock und Besan steuerte ANITA den Liegeplatz an, den ihr „Torshavn Port Control" über Funk zugewiesen hatte. Perfekter Anleger unter Segeln - nach drei Wochen auf See waren die Leinen fest. Im Hinblick auf die reduzierte Zahl der Besatzung wurde ANITA über weite Strecken mit zweifach gerefftem Großsegel gefahren. Insgesamt wurden 1925 Seemeilen über Grund zurückgelegt. Peter Eider, Skipper des letzten Törns der Kette, der nach Plan von Aberdeen nach Travemünde hätte führen sollen, mußte also ANITA in Torshavn übernehmen. „In Anbetracht der langen Reise war das Schiff in gutem Zustand ... jedoch naß von der Spitze bis zum Heck. Die Segel waren in einwandfreiem Zustand." Peter Eider und seine Mannschaft machten ANITA seeklar und segelten am 21. September los, Kurs Aberdeen, da dort der Proviant, den sie vorausgeschickt hatten, übernommen werden sollte. Sie hatten auf dieser Distanz leichte, achterliche Winde, vier bis fünf Beaufort, und erreichten am 24. September nach 365 Seemeilen ihr Etappenziel. Sie übernahmen die Kisten, konnten sich problemlos vom Zoll abfertigen lassen, gingen am gleichen Abend mit Schlepphilfe aus dem Hafen, setzten Genua, Groß und Besan und legten Kurs an nach Skagen. Wind Ost, drei Beaufort. Um vier Uhr dreißig, brach der Großmast kurz über der unteren Saling ab und kippte nach Steuerbord. An der abgebrochenen Stelle hat sich der Mast mit den Wanten verklemmt und die Jumpstagspitze schlug in Höhe der Gaskiste an die Außenhaut. Durch Sichern konnte das Schlagen beseitigt werden. Die

Mannschaft barg zunächst das Vorsegel, das unbeschädigt an Deck genommen werden konnte. Schwere Arbeit mußten sie leisten, um das Großsegel zu bergen. Den Teil bis zum Jumpstag konnten sie abschlagen, indem sie die Plastikrutscher absägten. Den Rest vom Jumpstag bis zum Top, der im Wasser trieb, konnten sie mit dem Topnant des Spinakerbaums über das Ankerspill an der Mastschiene aus dem Wasser ziehen. Den Großbaum, der nach dem Mastbruch zwischen dem Deckshaus und der Reling an Steuerbord heruntergeschlagen war, sicherten sie dadurch, daß sie ihn auf dem Deckshaus lagerten. Den Mast zu sichern war in dieser Situation nicht möglich. Da ANITA in diesem Zustand zurück in den Hafen geschleppt werden konnte (der Masttop war schätzungsweise fünf Meter unter Wasser), war es aber auch nicht notwendig. Der Hafenmeister schickte nach Funkkontakt die EIDITH EMILE (Royal National Life Boat), die ANITA äußerst vorsichtig mit geringer Fahrt (maximal drei Knoten) auf die Nordreede vor Aberdeen schleppte, wo der Anker fiel. (Während der ganzen Zeit verzeichnete das Logbuch Nordost vier bis fünf Beaufort, Seegang drei, leichten Nieselregen und mittlere Sicht.) Der Rettungsleiter wies darauf hin, daß es vernünftig sei, das

Hochwasser abzuwarten, um eine Grundberührung des Masttops zu vermeiden. Im Hafen von Aberdeen schickte der Hafenmeister einen Kranwagen, der den gebrochenen Mast nach zwei Stunden geborgen hatte. Zu dieser Prozedur mussten verschiedene Wanten gekappt werden. Die Kabel der beiden Elektroleitungen mussten in Höhe der ersten Saling durchtrennt werden, um den abgebrochenen Mastteil auf der Pier kappen und anschließend auf dem Vorschiff lagern zu können. Durch den Mastbruch hatten weder Schiff noch Mannschaft weiteren Schaden genommen. Peter Eider: „Der Ablauf des Bergungsmanövers durch die beiden RNLB-Schiffe war überaus freundlich, korrekt und von einer ausgezeichneten Seemannschaft. ... Die Crew überstand den Schock und unterstützte die Schiffsführung bei allen Manövern vorzüglich durch persönlichen Einsatz". Peter Eider, damals erster Vorsitzender der SKO, kümmerte sich umgehend darum, daß ANITA ihr Winterlager auf einer Werft in der Nähe fand. Im Frühjahr 1993 holte sie die erste Mannschaft der Saison, mit neuem Mast, in Buckie (Schottland) zum Ausrüster ab.

1996 wurde, nach nahezu sechzig Jahren und fast 250.000 gesegelten Meilen, die Generalüberholung fällig. Auf der

Yachtwerft Glückstadt wurde ANITA total ausgeräumt, zerlegt und so auseinander genommen, daß lediglich das Gerippe, bestehend aus dem Rumpf und den Decksbalken, blieb. Sechstausend feuerverzinkte Bolzen, die die Planken auf den Spanten befestigten, wurden ausgetauscht, an Planken wurde ersetzt, was notwendig war. Außerdem wurden ein neues Teakdeck und eine neue Ruderanlage gefertigt, und die technische Ausrüstung wie Elektrik, Navigation, Funk, Pumpen und vieles mehr wurden erneuert oder neu installiert. Vor allem Sicherheit hatte und hat bei den Bemühungen um den Erhalt dieser wunderschönen Traditionsyacht einen vorrangigen Platz. Neben modernsten Navigationseinrichtungen haben ständige Überprüfung und Erneuerung der technischen Ausrüstung den höchsten Stellenwert.
Während eines außergewöhnlich heftigen Orkans im Herbst 1997 erlitt ANITA in der Nordsee in schwerer See ein Knockdown und kenterte fast durch. Das Deckshaus wurde zerschlagen, der Besan brach und ein Großteil der Ausrüstung wurde von Deck gewaschen. Mehrere Crewmitglieder wurden ernsthaft verletzt. Trotzdem gelang es Skipper und Mannschaft, begleitet von der DGzRS, aus eigener Kraft in den Hafen von Helgoland

einzulaufen. Noch immer ist ANITA ständig mit wechselnden Crews während der Sommersaison auf Reisen. Jedes Jahr im September, nach der Rückkehr von „großer Fahrt", finden in der Ostsee „Schnuppertörns" über mehrere Tage statt. Damit bekommen interessierte Segelfreunde die Gelegenheit, das besondere Flair von ANITA kennen zu lernen.

Photo: Majda & Andreas Roloff

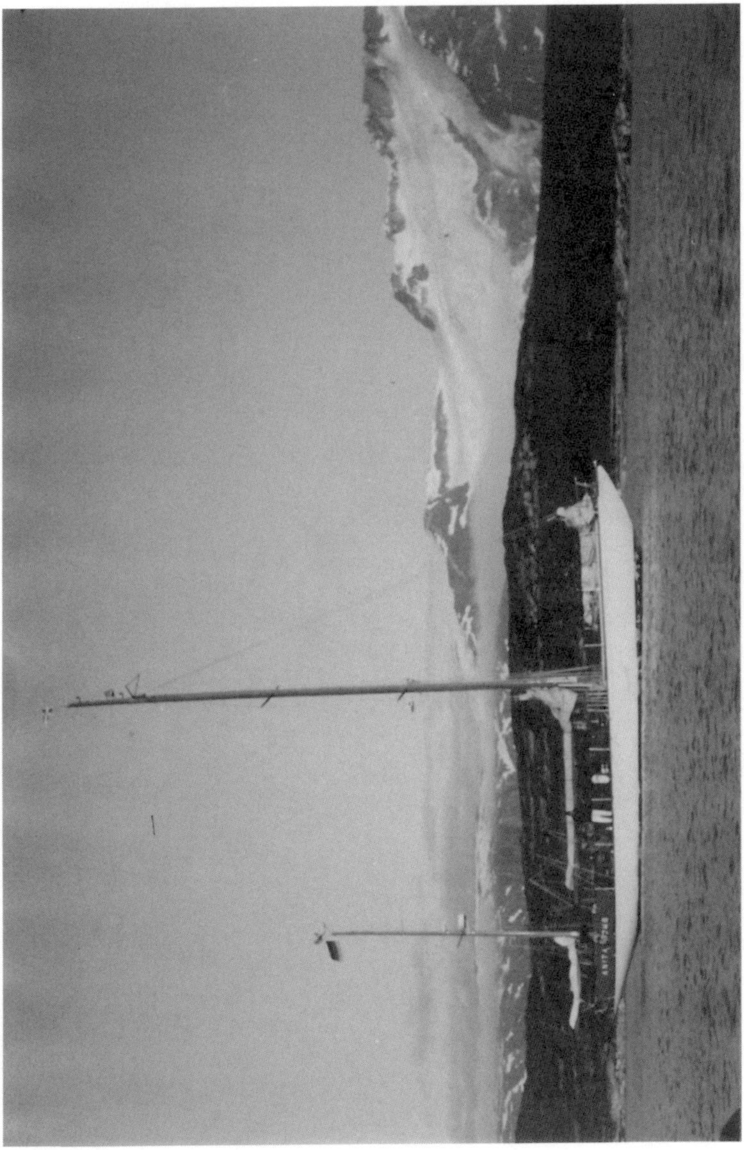

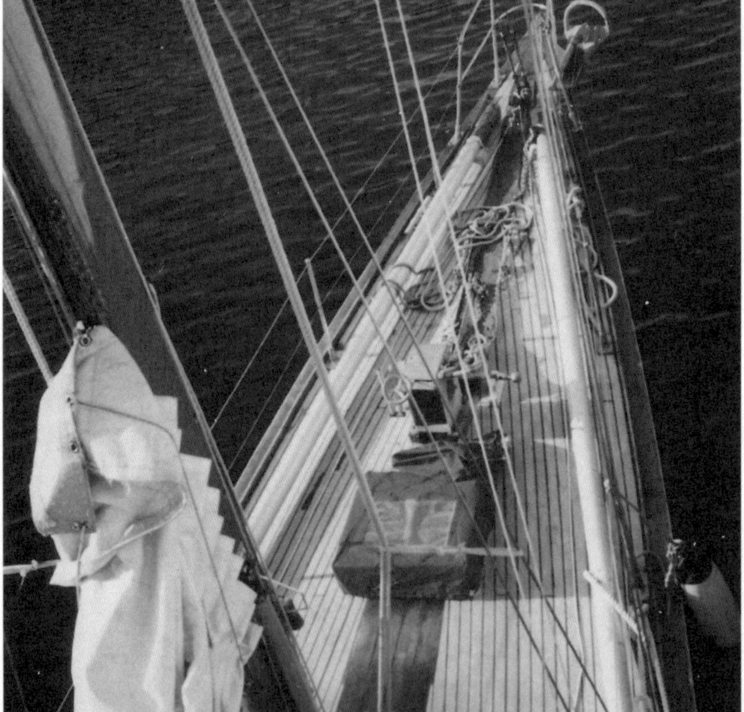

Photo: Robert Kysela

# Bücher:

**Titel:** -traditions-

Limitierte Auflage
650 Stück durchnummeriert

ISBN 3-938314-01-X

Preis: 13,00 x

**Titel:** -traditions-

Skipper traditioneller Segelschiffe erzählen aus ihrer Fahrenszeit und von ihren Schiffen
U.a. Pippilotta, Platessa von Esbjerg, Störtebeker, Carmelan, Sigandor, Gefion, Jachara, Prince Hamlet und Ethel von Brixham

ISBN 3-938314-07-9

Preis: 15,00 x

**Titel:** -lyø-

(Erzählung). Segeln. Warum Segeln? Der Großteil des Planeten ist bedeckt mit Wasser. Die höhere Wahscheinlichkeit, niemanden treffen zu müssen, ist also auf dem Wasser gegeben.

ISBN-10: 3-938314-00-1
ISBN-13: 978-3-938314-00-5

Preis: 10,00 x

**Bestellung unter: www.kardesh-verlag.de**

# Hörbücher

**Titel: -seastories-**

Gregor Ansgar Remmert liest Geschichten aus der Fahrenszeit von Skippern traditioneller und klassischer Segelschiffe.
U.a. Arved Fuchs und Jörg Robien.

ISBN 10: 3-938314-03-6
ISBN 13: 978-3-938314-03-6

Preis: 10,00 x

**Titel: -lanka-**

Eine Geschicht über einen Fischer, der bei einer Flutkatastrophe auf Sri Lanka alles verloren hat und nun versucht, sich wieder dem Leben zu stellen.

ISBN 10: 3-938314-06-0
ISBN 13: 978-3-938314-06-7

Preis: 10,00 x

**Titel: -seastories II-**

Gregor Ansgar Remmert liest neue Geschichten aus der Fahrenszeit von Skippern traditioneller und klassischer Segelschiffe.
U.a. Kees van den Boos

ISBN 10: 3-938314-03-6
ISBN 13: 978-3-938314-03-6

Preis: 10,00 x
ab September 2006

**Bestellung unter: www.kardesh-verlag.de**

**Besuchen Sie uns im Internet**

**unter:**

**www.kardesh.de**

**oder**

**www.kardesh-verlag.de**